Bibliografische Information der Deutschen Nationalbibliothek

Die deutsche Nationalbibliothek verzeichnet diese Publikation in der Deutschen Nationalbibliografie; detaillierte bibliografische Daten sind im Internet über http://dnb.d-nb.de abrufbar.

© 2014 Beate Piehler

Herstellung und Verlag:
BoD - Books on Demand GmbH, Norderstedt
ISBN-13: 978-3-7347-3873-9

Umschlaggestaltung: Beate Piehler
Umschlagfotos: Privat
Vorderseite: Auf der Benediktenwand

Widmung

Dieses Buch widme ich Roland und Helmar. Die beiden Brüder haben mich zwar nur einen Tag begleitet, aber dieser Tag wird uns wohl immer im Gedächtnis bleiben. Ich habe ihnen viel zu verdanken und letztendlich war dieser Tag eine wertvolle Erfahrung und Bereicherung!

Mein Weg

Wo ich herkomme, weiß ich, wo ich hingehe, weiß ich nicht immer. Ich glaube zwar, meine Richtung zu bestimmen, bin mir aber sicher, dass da noch jemand mitmischt. Es kommen immer wieder Situationen auf mich zu, die ich einfach annehme, ohne groß darüber nachzudenken, wo mich der Weg hin führt und ob es der Weg ist, den ich eigentlich auch gehen wollte. Und siehe da, oft bin ich erstaunt, dass ich mit dieser Fügung dann auch zufrieden bin. Ich mag gar nicht darüber nachdenken, wo ich jetzt ohne diese Richtungsänderungen wäre.

Schaue ich zurück auf meinen Weg bin ich nicht immer stolz darauf, wie ich ihn geschafft habe. Aber ich bin stolz, was ich aus meiner Lebenswanderung bis hierher gemacht habe. Und ich bin zufrieden, dass ich jetzt hier stehe und zurück schauen kann, mit erhobenem Haupt, aufrecht und stolz, dass ich so weit gekommen bin. Viele Hände, Worte und Hilfeleistungen kann ich nicht mehr benennen, ich nenne sie die Unterstützer auf meinem Weg. Es hat genug davon gegeben und die meisten wissen nicht, dass sie mich mit einer Geste, einem Wort, einem Lächeln, einer Umarmung begleitet, unterstützt und gefördert haben. Ganz besonders diesen Stillen bin ich dankbar, weil sie mich reich beschenkt und unterstützt haben. All jene Menschen, denen ich die Chance gebe, sich in mein Leben zu mischen, mich zu berühren, diese Menschen geben mir sehr viel. Alle anderen, die mir nicht gut tun, mich nicht voranbringen, die lasse ich nicht in mein Herz. Einige Sätze reichen, um den einen vom anderen zu unterscheiden.

Jeder Mensch hat die Möglichkeit, sich selbst für die Weggefährten zu entscheiden, die ihm gut tun, aber die wenigsten tun es und merken gar nicht, dass sie sich aufreiben und wissen nicht warum. Menschen sollten auf ihren Umgang achten. Freundlich und wertschätzend zu jedermann, aber Emotionen nur bei Menschen, die mir gut tun! Man muss selbst mit sich zufrieden sein, erst dann besitzt man die Ausstrahlung, die andere Menschen anzieht, in den Bann zieht, so dass sie sich wohl fühlen in meiner Gesellschaft. Ich bin erstaunt, wie viele Menschen es doch auf meinem Weg gibt, die sich an mir erfreuen. Ich finde es nur schade, dass ich nicht allen sagen kann, wie gut sie mir tun, denn manche Begegnungen sind nur von kurzer Dauer. Menschen treten in mein Leben, für wenige Stunden oder Tage, um dann wieder abzutauchen in der großen Menge derer, die mich begleiteten. Aber ich bin ihnen dankbar, denn sie geben mir so viel zurück. Oft wird mir erst später bewusst, was mir andere Menschen bedeutet haben und ich ihnen. Sei's drum, ich habe mich damit abgefunden und begegne den Menschen umso mehr mit der gebührenden Aufmerksamkeit, damit wir uns gegenseitig gut tun können.

Wenn du Menschen dein Herz schenkst, kannst du dir nie sicher sein, ob du ihres auch geschenkt bekommst. Aber manchmal lohnt sich das Risiko, dem anderen eine Chance zu geben!

Und dann betrachte ich von Zeit zu Zeit meinen Weg und rufe mir bewegende und prägende Begegnungen, von denen ich profitiert habe, ins Gedächtnis. Und so mancher hat meinen Weg beeinflusst und unbewusst geändert. Und so stehe ich jetzt hier, wo ich bin und bin zufrieden. Ich schaue zurück und weiß nicht, ob ich den gleichen Weg noch mal gehen möchte. Denn so würde ich ihn nicht nochmal gehen können, weil er nicht eins zu eins wiederholbar ist. Wenn man sich das bewusst macht, gibt es nichts im Leben zu bereuen.

Mein Leben ist da, wo immer ich bin!

Auf zum Traumpfad!

Nach meiner langen Pilgertour auf dem Jakobsweg 2010 und der Wanderung auf dem Ökumenischen Pilgerweg von Görlitz nach Vacha im Jahr 2011 überlegte ich lange Zeit, wohin ich 2012 wandern will. Es sollte auf jeden Fall eine lange Tour werden. Vom Traumpfad „München – Venedig" hatte ich schon oft gelesen, aber bisher immer als Projekt auf Eis gelegt, weil man eben gut 30 Tage Zeit dafür haben muss.

Dann kam ein Brief von meinem Pilgerkameraden mit Unterlagen zur Venedig-Tour und schnell stand der Entschluss fest: Ich geh dann mal nach Venedig!

Ich recherchierte im Internet nach der Tour, las Wanderberichte und bestellte mir kurzerhand einen Wanderführer. Folgendes las ich:

<u>Informationen zur Tour</u>

„...Der Traumpfad München-Venedig ist ein Fernwanderweg, den Ludwig Graßler in einem 1977 erstmals veröffentlichten Buch beschrieben hat. Er führt vom Marienplatz in München über die Bayerischen Voralpen und das Karwendel ins Inntal. Von dort wandert man in die Tuxer Alpen, überquert den Alpenhauptkamm und setzt den Weg über das Pfunderertal und die Lüsner Alm in die Dolomiten fort. Nach der Überquerung der Puezgruppe, der Sella und der Südlichen Dolomiten endet der alpine Teil des Weges in Belluno. Ähnlich wie an der Alpennordseite folgen nun zwei Wandertage durch die Belluneser Voralpen und durch das Flachland, bis man

schließlich nach etwa 28 Wandertagen den Markusplatz in Venedig erreicht. Insgesamt werden etwa 550 km Strecke und 20000 Höhenmeter zurückgelegt..."

(http://de.wikipedia.org/wiki/Traumpfad_M%C3%BCnchen-Venedig)

In meinem Wanderführer von DuMont, den ich mir nach umfangreichen Recherchen im Internet nach einem geeigneten Führer bestellte, las ich zur Tour folgendes:

„...Mehr als 20000 Höhenmeter sind dabei vom oberbayerischen Isartal bis in die venezianische Tiefebene zu bewältigen, mit einem Gewicht von 10-15 kg auf dem Buckel. Das ist nur etwas für Konditionswunder, für echte Bergsteiger? Keineswegs!

Ausdauer, Trittsicherheit und Schwindelfreiheit sind allerdings erforderlich, für einige Bergetappen auch alpine Wandererfahrung. Die Tour folgt überwiegend guten und markierter Wanderwegen. Gerade eine mehrwöchige Wanderung bietet Gelegenheit, die Kondition Schritt für Schritt zu verbessern. Mit der richtigen Vorbereitung und passender Ausrüstung kann jeder erfahrene Bergwanderer die Strecke schaffen...."

(aus: Wanderführer Von München nach Venedig; Ralf und Mareike Lamsbach; 4.aktualisierte und neu gestaltete Auflage 2012; DuMont Reiseverlag)

Also, das traf den Nagel auf den Kopf! Das bin ich! Diese Passage machte mir Mut, diese Tour in Angriff zu nehmen.

Allerdings beängstigten mich doch die vielen Bergtouren und Höhenmeter, die zu überwinden sind. Deshalb begann ich drei Monate vorher, mich im Fitnessstudio darauf vorzubereiten, Kraft und Ausdauer zu trainieren.

Die günstigste Wanderzeit ist wohl der Juli, zumindest was die Etappen über 2000 Höhenmeter angeht. Aber das passte so gar nicht in meinen Zeitplan. Also legte ich den 17.Juni als Starttermin fest und plante für die Rückkehr den 14.Juli ein, mit eventuell ein oder zwei Tagen mehr, wenn ich es nicht in diesen 28 Tagen schaffen sollte.

Meine Wanderung stand von Beginn an unter keinem guten Stern. Ende Mai/ Anfang Juni regnete es sehr viel und es kam bundesweit zu vielen Überschwemmungen. Dass dieser Regen in den Alpen als Schnee niederfiel, konnte ich in den Nachrichten verfolgen. Allerdings begann in der zweiten Juniwoche eine Hitzewelle, die mich wieder hoffen ließ, dass zumindest ein Teil des Neuschnees getaut sein würde, bis ich die Alpen erreiche.

Am 16.Juni fuhr ich zu unserer Tochter nach Bayern, denn ich hatte mir von Kulmbach ein Busticket für 15,00 € nach München gebucht.

Montag, den 17.06.2013

Um 5.45 Uhr schaut Susanne ins Zimmer und ich gucke wie ein Eichhörnchen. Ich habe geschlafen wie ein Bär, war nicht wach und bin ausnahmsweise noch müde. Liegt sicher an dem zweiten kleinen Fläschchen Rotwein gestern Abend, von dem ich die Hälfte weggeschüttet habe, weil es nicht mehr reinpasste. Naja, es war ja auch Mitternacht, als ich ins Bett bin.

Also raus aus dem Bett, ins Bad und zum Frühstück. Julian und Susanne sind schon aufgestanden und guter Dinge. Julian möchte Oma mit an den Bus bringen. Es ist schon angenehm warm und der strahlend blaue Himmel verspricht, was der Wetterbericht vorhergesagt hat: ein heißer Sommertag, wie auch die letzten Tage schon. Nicht das ideale Wanderwetter, wenn man in der Ebene unterwegs ist, besonders in der Großstadt München.

Um 6.35 Uhr fahren wir los und finden den Busbahnhof in Kulmbach dank Navi und dem grünen Bus, den wir nach einer Ehrenrunde um einen Häuserblock am Bahnsteig stehen sehen. So sind wir um 7.10 Uhr dort. Wir spekulieren, ob das mein Bus ist, oder nicht. Um 7.25 Uhr kommt der Busfahrer und ich weiß: Es ist mein Bus!

Der Fahrer freundet sich sofort mit Julian an, während ich mir den Platz im Doppeldecker oben ganz vorne suche und mit meinem Rucksack reserviere.

Julian bekommt einen Krapfen und eine Flasche Apfelschorle vom Busfahrer geschenkt. Er zeigt ihm auf seinem Handy noch seinen Sohn, der genauso alt wie Julian ist. Julian ist stolz und der Mann hat seinen Spaß mit ihm. Natürlich darf er auch in den Bus einsteigen und schauen, wo Oma nachher sitzen wird.

Ich brauche mein Ticket nicht vorzeigen, sondern nur meinen Namen sagen. Alle Daten sind in seinem Handy gespeichert und meinen Namen hakt er ab, nachdem ich eingestiegen bin. Was für eine Technik! Der Bus fährt nach München und weiter nach Zürich, abends wieder zurück, das Ganze vier Mal am Tag, aber nicht dieser Fahrer. Pünktliche Abfahrt und viel Winken, dann bin ich weg, mit weiteren sieben Fahrgästen. Mein Start in ein neues Abenteuer, vollkommen unspektakulär.

Wir verlassen Kulmbach und das Seltsamste ist: Nach nur 10 Minuten machen wir an einer Tankstelle Rast und der Fahrer sagt, dass wir aussteigen und uns Kaffee holen können oder etwas zum Essen. Die Frau hinter mir ist ebenso erstaunt wie ich. Nun, ich bleibe sitzen. Warum aussteigen? Wir sind doch grad erst losgefahren!

Um 8.00 Uhr geht es weiter auf der Landstraße bis Bayreuth. Hier steigen noch zehn weitere Passagiere ein und ab geht es auf die Autobahn nach Nürnberg/München. Ich hole ein wenig Schlaf nach. Aber nicht lange, denn die Aufregung tut ihr Übriges. Was wird mich erwarten? Werde ich meinen Weg durch München gut finden? Und wie wird es sein, in der Hitze durch die Stadt zu laufen, vollkommen ungewohnt mit einem zwölf Kilogramm schweren Rucksack auf dem Rücken?

Die Fahrt verläuft problemlos und es ist ein Genuss, so durch die Gegend gefahren zu werden. Prima Aussicht hier oben. Man kann als Fahrgast sogar Internet nutzen. Was für ein Service! Aber ich habe meinen kleinen Laptop gut im Rucksack verstaut und möchte meine Ordnung im Gepäck nicht unnötig durcheinanderbringen. Deswegen belasse ich es beim Schauen und Staunen und Sammeln von Eindrücken. Da wir unterwegs mal an einer Baustelle kurzzeitig Stau haben, kommen wir mit zehn Minuten Verspätung am ZOB in München an. Es ist 11.30 Uhr und um 12.00 Uhr fährt er weiter nach Zürich. Aber nicht mit mir!

Ich schicke die erste SMS an Susanne, die sie, wie vereinbart, an alle interessierten Leute als Verteiler weiterleiten wird. Weil es sich anbietet, besuche ich mal gleich die Toilette hier im riesigen Busbahnhof. Meine Knieschoner wollte ich im Bus noch nicht anhaben und nutze nun den Toilettenbesuch, sie anzuziehen. Da ich gar nicht weiß, wo ich bin, steige ich erst mal aus der Tiefgarage nach oben und stehe in einer Seitenstraße. Eine unangenehme Schwüle empfängt mich. Das kann ja heiter werden. Man schwitzt, ohne einen Schritt gegangen zu sein. Ich habe null

Ahnung wo ich bin und keine Orientierung. Zwei Frauen, die ich nach dem Weg zum Marienplatz frage, starren mich entgeistert an und wollen mir unbedingt die S-Bahn aufschwatzen. Wie kann man bei dem Wetter laufen wollen? Kurzzeitig überlege ich wirklich, ob ich nicht die S-Bahn nutze, denn die verdutzten Gesichter der Frauen geben mir schon zu denken. Ich habe geschätzt, dass es ungefähr zwei Kilometer sein müssten. Aber weil ich beharrlich weiterfrage, sagen sie mir dann doch, wo ich langgehen muss, um zum Marienplatz zu kommen, nämlich nur aus der Seitenstraße raus, nach rechts wenden, und dann immer geradeaus. Es ist 11.45 Uhr.

Und schon bin ich in der Arnulfstraße, die ich nur schnurgerade am Hauptbahnhof vorbei zum Stachus und geradeaus weiter zum Marienplatz entlang schlendern muss. Naja, schlendern geht bei den Menschenmassen schlecht! Ich gehe ohne Stöcke, weil ich mir damit echt blöd vorkäme. Ich will sie erst beim Start vom Marienplatz vom Rucksack schnallen. Am riesigen Karlsplatz komme ich schon ins Grübeln, aber gehe instinktiv richtig durch das Karlstor. Ich kehre kurzentschlossen in die Kirche Sankt Michael ein und denke mir, kann ja nicht schaden. Ich bin beeindruckt! Der Erzengel Michael begrüßt mich als lebensgroße Statue. Die Kirche ist ein wirkliches Schmuckstück und ich verweile einige Minuten in der Kühle. Entlang der Neuhauser Straße und Kaufingerstraße erreiche ich um 12.15 Uhr mein erstes Ziel und den eigentlichen Startpunkt meiner Wanderung.

Ich stehe auf dem Marienplatz, schieße Fotos, und da es keine Bänke gibt, setze ich mich in den Biergarten vom „Café am Marienplatz", scheinbar die erste Adresse hier am Platz. Ich trinke ein 0,3-l-Wasser für 3,00 €. Wahnsinn! Ein wunderschöner Anblick, dieses imposante Rathaus, der schön gestaltete Platz, die vielen Menschen… Nur keine Sitzgelegenheiten, oder ich habe sie übersehen. Die nächste Rundmail geht an Susanne und ich ruhe mich bis kurz vor 13.00 Uhr aus. Nur keine Eile. Ich hatte mir ausgerechnet, dass ich sicherlich nicht so zügig vorankomme, wie der Wanderführer es aussagt und nicht 5,5 sondern mehr als 6 Stunden brauchen werde. Deshalb habe ich mein Zimmer im Kloster Schäftlarn vorgebucht und dazu gesagt, dass ich sicher erst sehr spät eintreffen werde. Schließlich will ich mich nicht unter Druck setzen. Und Angelika, die mich heute Abend dort besuchen möchte, wird erst in Unterschleißheim los fahren, wenn ich ihr schreibe, wann ich ungefähr im Quartier eintreffe.

Ich löse in der gegenüberliegenden Apotheke noch Susanne ihr Antibiotikarezept ein und ab geht es, durch das Isartor und dann mit der Beschreibung im Buch, die Straßennamen aufzählt, in Richtung Isartor und dann entlang der Isar. Mein Navi bleibt im Rucksack, was ich später bereue. Ich bin hocherfreut, dass viele Bäume den Weg säumen und ich nicht in der prallen Sonne laufen muss. Aber wo Bäume Schatten spenden, halten sie auch das eventuell kühl wehende Lüftchen ab. Man kann eben nicht alles haben! Bis zum Tierpark sollen es laut Buch gut viereinhalb Kilometer sein, auf dem sogenannten Planetenlehrpfad. Ein Schritt auf dem Pfad soll einer Million Kilometer entsprechen, auf der Reise zu den Planeten. Die erste Stele fordert mich nett auf: „Wandern Sie durch unser Sonnensystem. Der Planetenweg führt Sie vom Deutschen Museum zum Tierpark. Auf diesem 4,6 km langen Weg entspricht ein großer Schritt eines Erwachsenen etwa einer Million Kilometer im Weltall. Von der Sonne im Museumshof bis zum Pluto am Tierpark brauchen Erwachsene 5900 Schritte. Wollten wir die Entfernung bis zur nächsten hellen Sonne im Weltall, Alpha Centauri, wiedergeben, dann müssten Sie noch mehr als 40 000 000 Schritte weitergehen!" Naja, also auf zur Sonne Alpha Centauri, denn viele Schritte werden wohl nicht mehr fehlen, wenn ich in Venedig ankomme. Ich bin unterwegs zu den Sternen, am helllichten Tag bei über 30 Grad Celsius im Schatten. Bedauerlicherweise sind einige Stelen mit den Planeten mit Farbe besprüht und bei manchen ist der Text nicht mehr gut zu Lesen, so dass ich meinen Wissensdurst, der ohnehin durch die Hitze minimiert ist, nur mit ein paar Fotos von gut erhaltenen Schriften stille.

Nebenbei entdecke ich die „Drei indischen Affen" als kleine grüne Männchen ohne Beine auf einem Ast eines abgestorbenen Baumes. Lustig! Dann komme ich an Schaugärten und dem Rosengarten vorbei, aber der Blick über den Zaun schreckt mich ab, sie mir anzusehen. Pralle Sonne! Nein, das muss ich nun wirklich nicht haben. Ein Foto reicht auch. An einer Eisenbahnbrücke baumeln riesige Plüschtiere, deren Sinn sich mir nicht erschließt. Interessanter finde ich da schon die riesigen Graffitis unter einer Brücke. Keine sinnlose Sprüherei von Buchstaben, die man eh nicht deuten kann, sondern durchaus ansehnliche Kunstwerke, die mir sogar gefallen.

In der Isar und am Strand findet sich viel Treibgut und auf dem Weg ist mancherorts zu erkennen, wie hoch das Wasser Anfang des Monats gestanden hat. Gräser und Pflanzen haben sich noch nicht wieder vollständig aufgerichtet. Anscheinend war auch dieser Wad- und Wanderweg vom Wasser überspült. Baufahrzeuge sind am Werk, um das Treibgut zu beseitigen und den zu Bergen aufgetürmten Kies zu verteilen. Menschen tummeln sich an und in der Isar, sonnen sich und genießen den Sommer. Na das wäre nichts für mich, weil alles sehr steinig und kein Sand dort ist. An manchen Stellen ist die Strömung ganz schön schnell. Aber das scheint die Münchner nicht zu beeindrucken und erst recht nicht davon abzuhalten, sich im Wasser abzukühlen.

Mir begegnen nicht nur Hinweisschilder, sondern auch die blaue Muschel als Zeichen für den Jakobsweg. Na da bin ich doch als Pilger richtig, obwohl ich nicht nach Spanien will... Mehrere kleine Imbisse laden zum Verweilen ein, die ich aber achtlos passiere. Am Tierpark Hellabrunn entlang stinkt es fürchterlich nach Tieren, sicherlich ist dies der Hitze geschuldet. Mich lockt nichts, näher an den Zaun zu gehen, um mir die Tiere anzuschauen.

Am Ende des Tierparks führt eine Fußgängerbrücke, den Marienklausensteg über einen Arm der Isar. Hier setze ich mich zur Rast in den Schatten auf eine Mauer. Eine junge Frau kommt und setzt sich dazu. Nach einer Weile sagt sie, dass ihr schwindlig ist. Sie sieht auch ganz blass aus. Ich frage, ob sie Wasser dabei hat und biete ihr meins an, weil sie verneint. Sie trinkt und legt sich dann auf die Mauer, bis es ihr etwas besser geht. Sie war am Wasser und sicherlich zu lange in der Sonne, räumt sie selber ein. Sie wohnt ganz in der Nähe, muss nur noch den Berg hinauf, die Isar im Rücken. Als es ihr besser geht, verabschiedet sie sich und zieht von dannen. Nachdenklich schaue ich hinterher, wie sie langsam den Anstieg beginnt. Ja wirklich leichtsinnig, sich in der Mittagshitze ungeschützt in der Sonne aufzuhalten. Doch was ist mit mir? Wenn ich schlapp mache, wird auch so mancher den Zeigefinger heben und mit dem Kopf schütteln: Bei dieser Hitze, wo man Sonne und Anstrengungen im Freien vermeiden soll, laufe ich hier durch die Gegend, mit nicht gerade wenig Gepäck auf dem Rücken. Ich streife diese Gedanken ab und finde, dass es mir sehr gut geht.

Ich breche um 15.00 Uhr auch auf, nachdem ich im Buch nachgelesen habe, wie weiter. Immer weiter links an der Isar entlang. Nach einer halben Stunde soll ich irgendwann über die Großhesseloher Eisenbahnbrücke auf das rechte Ufer der Isar wechseln. Die einzige Brücke ist allerdings in gut 50 über mir und weit und breit kein Weg, um irgendwie da hinaufzukommen. Ich fotografiere die Brücke aus einiger Entfernung und werde zu Hause ergründen, wo ich was verpasst oder falsch verstanden habe. Naja, vielleicht gibt es ja noch eine Brücke. Mehrmals ist der Wanderweg wegen Hangrutschgefahr gesperrt. Aber da alle um die Sperrung herum fahren und weiter den Weg passieren, tue ich das auch. Hier reicht das Wasser an manchen Stellen bis an den Weg heran. Ich befinde mich in einem Waldgebiet, kein Sonnenschein aber erdrückende Schwüle und flirrende Luft. Ein Schild erklärt mir kurz drauf, dass ich mich im Münchner Stadtwald befinde. Und keine Brücke weit und breit in Sicht. Ich frage nacheinander zwei Fahrradfahrer, die bereitwillig in ihr Handy mit GPS schauen und mir erklären, wo ich bin. Das hilft mir aber auch nicht weiter, weil sie sich ansonsten nicht auskennen. Theoretisch mache ich ja nichts verkehrt, wenn ich immer weiter an der Isar entlang gehe, zwar auf der falschen Seite, aber irgendwann muss ja die nächste Brücke kommen. Mein Buch ist wirklich nicht hilfreich. Ich hole dann doch entnervt mein Navi raus, das aber Probleme hat, ein Signal zu finden. Da kommt mir eine Frau mit Kind gerade recht und sie hilft mir diesmal wirklich weiter. Immer geradeaus und dann kommt die Grünwalder Brücke, die ich überquere kann.

Als ich diese erreiche, ist es mittlerweile 17.00 Uhr und es sind noch ungefähr 3 km bis Buchenhain. Von hier aus kann ich entweder den Wanderweg weiter gehen, oder zur Bundesstraße gehen, auf der Angelika an mir vorbei kommen wird. Ich schreibe ihr, dass sie sich auf den Weg machen kann und sie dann noch weitere Angaben bekommt, wo ich warten will und so macht sie sich auf den Weg, erst mal bis nach Buchenhain.

Dank meinem Navi ist es nun einfacher. Ich bin wieder auf dem Weg, komme am Klettergarten vorbei und laufe direkt nach Buchenhain, abweichend von meiner Route. Ein Schild sagt: noch fünf Kilometer bis Schäftlarn. Am Ortsausgang beginnt in kurzer Entfernung schon der nächste Ort Baierbrunn. Ich setze meinen Plan in die Tat um. Ich werde die restlichen Kilometer nicht mehr laufen, sondern Anbetracht des ersten Tages die Sache „ruhig" angehen.

Es ist 18.00 Uhr und ich suche mir eine Bank, von der ich die Bundesstraße im Auge habe und meine Freundin mich auch sehen kann. Sie bekommt noch einmal genaue Angaben per SMS. Kaum zu glauben! Hier zu sitzen, ohne Lüftchen und nur wenig Schatten ist fast anstrengender, als zu Laufen.

Um diese Zeit ist natürlich Berufsverkehr und so trifft sie erst um 18.40 Uhr bei mir ein. Na das ist eine Freude. Gut, ich hätte die restlichen Kilometer auch noch geschafft. Aber wenn es nicht sein muss! Schließlich soll man körperliche Aktivitäten im Freien, wie solche Extremtouren, ja vermeiden. Und die letzten vier Kilometer wären anstrengend geworden, da bin ich mir sicher. Insofern reduzieren sich die angegebenen 22 km auf 18.

Da mein Zimmer reserviert ist und Angelika dazu gebucht hat, ist es nicht weiter schlimm, wann wir ankommen. Kurz vor 19.00 Uhr sind wir da. Schöne 4 km waren das jetzt! Bei der Umbuchung gab es Missverständnisse, aber da sowieso kein Zimmer weiter frei war, hat die Wirtin bei mir aufgebettet, quasi die Couch ausgezogen und bezogen. Das Bad mit Toilette ist auf der anderen Seite, den Gang entlang. Aber im Zimmer ist ein Waschbecken, das erleichtert das Ganze.

Nachdem wir uns kurz einquartiert haben, ziehen wir hinunter in den Biergarten. Zwischendurch gehe ich mich duschen und dann ratschen wir bis um 22.00 Uhr. Ein schöner lauer Sommerabend beschließt meinen ersten Wandertag und wir haben eigentlich noch keine Lust zum Schlussmachen, aber die Kellner räumen bereits alle Tische ab und tragen die Sitzunterlagen rein. Doch die Wirtin ist noch draußen, bemerkt wohl unsere Unlust zum Aufbruch und lädt uns ein, durchaus noch sitzen zu bleiben. „Alles kein

Problem!", sagt sie und deutet auf die Plätze ihr gegenüber. Und so wird es Mitternacht bei guten Gesprächen mit der Wirtin und einem Angestellten und mit zwei weiteren vierteln Wein. Ein schöner Tagesausklang in netter Gesellschaft, so wünscht man sich doch Urlaub, oder? Ich spüre keine Müdigkeit, nur die Beine beim Treppensteigen fühlen sich schwer an. Sicherlich nicht vom Weingenuss sondern von den 18 km heute!

Dienstag, den 18.06.2013

Um 5.00 Uhr wecken mich die Kirchenglocken. Ist halt so hier in Bayern, warum auch immer. Bei uns läutet es um 6.00 Uhr. Draußen knarren die Dielen und Türen klappen. Die arbeitende Bevölkerung macht sich bereit für einen neuen Arbeitstag. Viele Arbeiter haben hier ihr Quartier. Ich hatte den Wecker auf 6.45 Uhr gestellt, aber um 6.00 Uhr schwingt Angelika schon die Beine aus dem Bett. Sie geht als Erste ins Bad zum Duschen und ich krame meine Sachen zusammen. Dann bin ich dran mit Badbesuch. Da fast ausschließlich Männer zu Gast sind, haben wir unseren Waschraum für uns alleine.

Mit gepackten Sachen sind wir um 7.00 Uhr im Frühstücksraum. Wir suchen uns ein hübsches Plätzchen. Naja, es ist nicht die reichhaltigste Auswahl auf dem Buffet, aber vollkommen ausreichend, vor allem für mich, der ich eh kein Frühstücksmensch bin. Und da ich nichts esse, streiche ich mir dafür ein Brot zum Mitnehmen, für den Hunger, der noch kommt.

Wir lassen uns Zeit und ratschen noch. Da ich auch am heutigen Etappenziel Geretsried für mich reserviert habe, ist es egal, wann ich dort ankomme. Und da ich nun nicht in aller Herrgottsfrühe wie gewohnt aufgebrochen bin, spielt es jetzt eh keine Rolle mehr, wann ich losmarschiere. Ein weiterer heißer Tag steht bevor.

Wir verabschieden uns um 7.50 Uhr voneinander und ich ziehe von dannen …, Angelika fährt zur Arbeit nach München und ich gehe wortwörtlich meiner Arbeit nach. Es läuft sich sehr gut. Der Weg ist leicht zu finden und es macht Spaß, weil es zunächst im Schatten durch Wälder geht. Vogelgezwitscher unterhält mich. Erstaunlich, dass auf den Waldwegen noch nicht alle Pfützen getrocknet sind. Dann, kurz vor Icking hole ich mein Navi aus dem Rucksack und lese nochmal genau im Buch, bis das Gerät ein Signal gefunden hat. Aber der Text im Buch liest sich immer so kompliziert: „… In der nächsten scharfen Linkskurve zweigt ein Weg rechts ab, dem wir bergauf bis zum zweiten Abzweig links folgen." Mein Navigationsgerät ist da wesentlich präziser!

War ich doch tatsächlich schon 50 Meter in die falsche Richtung gelaufen! Bekanntlich führen ja viele Wege nach Rom, aber wenn, dann will ich schon richtig ankommen und nicht in Rom! Ich gehe das Wegstück zurück und biege in den Waldweg ein, finde den Rastplatz „Am Dreispitz", mache aber noch keine Rast. Es geht weiter durch Feld und Wald, auch mal ohne Schutz in der Sonne, die aber noch nicht so viel Kraft hat.

In dem kleinen Ort Icking komme ich zunächst an der katholischen Pfarrkirche „Zum Heiligen Kreuz" vorbei und nutze dieses kühle Obdach, um mich ein wenig zu akklimatisieren, denn es ist drückend und warm. Es will schon was heißen, wenn ich schwitze!

Ein schlichtes, weiß getünchtes Kirchlein mit einem schmucken Altar im Chorraum. Auch wenn ich den Rucksack gar nicht erst absetze, sondern nur mit einer Pohälfte auf einer Bank Platz nehme, spüre ich doch etwas Erholung. Aber beim Schritt ins Freie trifft mich die Hitze wie ein Schlag, als wenn man gegen eine Feuerwand tritt.

Nach dem Ort Icking führt der Weg ein ganzes Stück an Bahnschienen entlang, um sie dann mal kurzzeitig zu verlassen und nach einem Anstieg wieder neben ihnen entlang zu führen. Im Wald sind von Forstfahrzeugen tiefe Gleise in den Boden gefahren, die auch hier noch bis zum Rand mit modrigem Wasser gefüllt sind. Nach einem Abhang stoße ich auf eine Straße, der ich nach rechts folge, unter einer Bahnbrücke durch. Allerdings fehlen mir dann Zeichen. Also Rucksack absetzen und nachlesen. Und da es diesmal im Buch sehr gut beschrieben ist, steht fest, dass ich verkehrt laufe, nämlich unter der Bahnlinie hindurch, was ich gar nicht soll. Also wieder zurück auf den richtigen Weg, weiterhin die Bahnlinie rechts neben mir. Ein Rastplatz oberhalb des Schienenstrangs mit Ausblick auf die Loisach ist dem Münchner Theodor Lechner gewidmet, „Dem Erschliesser des Isartales zum Gedenken". Bänke laden zum Verweilen und Schauen ein. Ich lasse mich nieder, trinke und schicke die erste Mail nach Hause. Es ist kurz vor zehn und ich liege gut in der Zeit. Aber eine wirkliche

Abkühlung bringt mir die Pause hier unter den Bäumen nicht, es ist viel zu schwül.

Dann geht es weiter in Richtung Wolfratshausen. Der Waldweg führt noch kurze Zeit an der Bahnstrecke entlang, um dann über Stufen hinab auf eine breitere Straße zu münden, erneut zur Bahnlinie zurückzukehren, um dann letztendlich noch unter dieser hindurch auf Wolfratshausen zu zuführen. Bis dahin finde ich mich auch ausgezeichnet, dank Navi und Buch. Ein kleines Kapellchen muss ich rechter Hand auf einer kleinen Verkehrsinsel erst noch besuchen, ehe ich über eine Brücke auf die andere Seite der Loisach wechsele. Auf der Brücke ist eine Nische im Geländer, mit zwei gegenüberliegenden Bänken, so dass man sich niederlassen und verweilen kann. Hübsches Plätzchen, aber nicht in der Mittagszeit!

Links der Loisach folge ich einem Radweg und befinde mich laut einer Tafel auf dem Flößerpfad. Eine wunderschöne überdachte Holzbrücke animiert mich zu vielen Fotos. Sie führt im Zickzack über die Loisach und ich bleibe lange Zeit auf ihr, wandere hin und her und betrachte an vielen Stellen, wie das Wasser sich unter ihr hindurch über verschieden angelegte Stufen ergießt. Das Kastenmühlwehr wurde erst 1994 umgebaut und stellt für mich ein wunderbares Objekt zum Fotografieren dar. Außerdem wirbelt durch das sprudelnde Wasser ein kühles Lüftchen bis hier herauf zu mir und das ist sehr angenehm. Doch irgendwann muss ich ja weiterziehen.

Im Stadtkern von Wolfratshausen laufe ich auf der Schattenseite der Straße und finde meinen Weg problemlos. Dann lasse ich mich vor dem Rathaus, im Schatten eines großen Baumes, auf einer Bank nieder und mache Mittagsrast um 11.00 Uhr. Es ist unwahrscheinlich warm, aber durch den Wind jetzt ist es zu ertragen. Ich beobachte nicht nur die Menschen, die hier unterwegs sind, manche über die Holzbrücke zur Linken verschwindend oder aufs Rathaus zustrebend, sondern auch einen kleinen Spatz, der förmlich um ein paar Brotkrumen von mir zu betteln scheint. Naja, die soll er haben und ich dafür die Fotos!

Um 11.45 Uhr mache ich mich wieder auf den Weg, weiter durch Wolfratshausen. Das zieht sich ganz schön! Mein Navi hilft mir wieder hervorragend und ich lasse das Buch im Rucksackdeckel verstaut. Hier habe ich nun nicht immer Schatten, als ich an den Gärten und Häusern vorbei ziehe. Ich überquere wieder die Loisach zum dritten Mal. Dank Navi alles kein Problem. Zum Glück geht es dann auch wieder durch Wald, zwar nicht sehr dicht bewachsen und nicht ständig, doch besser als in der Sonne zu laufen. Und es gibt viele Bänke. Entlang dem Loisach-Isar-Kanal finden sich Bildtafeln zum Flößerhandwerk. Vorher hatte ich schon beim Flößerdenkmal herrliche Fotos geschossen, ein tolles Panorama und ich mache für mich das gleiche Foto wie das im Wanderführer Abgebildete. Mittlerweile habe ich auch schon ein paar Aufkleber vom Treffen der Venediggeher an Masten und Geländern gefunden, das jedes Jahr am 08. August auf dem Marienplatz in München stattfindet. Ein kleines Stück des Weges bleibe ich noch am Kanal, um dann nach rechts in Richtung Gartenberg, einem Stadtteil von Geretsried, abzubiegen. Ein schöner Spaziergang, an Wiesen vorbei und durch Wald, oft mit unterhaltendem Vogelgezwitscher, manchmal mit Blick auf die Isar. Für alle Sinne ist gesorgt, allerdings muss ich mich schon disziplinieren, um die Schönheit der Natur und die Besonderheiten der Landschaft auch in mich aufzunehmen und nicht bei dieser Hitze in Selbstmitleid zu zerfließen. Schließlich bin ich freiwillig hier und selber schuld an meinem Ungemach.

Die Zeit erlaubt mir um 13.00 Uhr die nächste Pause zum Trinken. Es kann ja nicht mehr so weit sein. Ich bin durchgeschwitzt, öffne die Bluse und versuche damit, ein wenig Luft auf die Haut zu fächeln. Es braucht lange, bis ich mich ein wenig frischer fühle, wenn man überhaupt von Erfrischung sprechen kann. Ich beschließe: Lieber kleine Etappen laufen und viele Pausen, als völlig ausgepowert aufzugeben oder den Bus zu nehmen.

Als ich endlich wieder Häuser zu meiner Rechten habe, bin ich im Stadtteil Geretsried-Gartenberg. Es ist mittlerweile 14.00 Uhr und ich habe eigentlich alle Zeit der Welt, die ich allerdings gerne in einem Biergarten oder an einem kühleren Flecken Erde verbringen würde. Und jetzt beginnt es, noch beschwerlicher zu werden. Die Beine sind nicht mehr so fit und die

Luft erdrückend. Ich soll dem Isardamm folgen, der sich unendlich lang oberhalb der Isar dahin zieht. So scheint es mir jedenfalls. Links Natur und rechts Wohngebiet. Die Hitze schlaucht.

So mache ich nach einer halben Stunde erneut Pause, als ich laut Karte die Hälfte von der Strecke auf dem Isardamm zurückgelegt habe. Diesmal lege ich die Beine für 10 Minuten hoch. Ich trinke mein letztes Wasser, rauche eine Zigarette und lasse den Wind durch meine Bluse wehen. Von Zeit zu Zeit schrecke ich hoch, weil jemand kommt. Ich mache mir aber erst gar nicht die Mühe, meine Bluse zuzuknöpfen, sondern halte sie nur über der Brust geschlossen, bis der oder diejenige vorübergegangen ist.

Um 14.50 Uhr breche ich zum letzten Wegstück auf. Die Straßen strahlen so stark die Hitze ab, dass ich meine Blicke gar nicht auf den Boden richten mag, weil es dann noch mehr im Gesicht brennt. Aber das Gesicht gen Himmel strecken ist auch nicht zu empfehlen, weil ich dann abends wahrscheinlich einem Krebs gleichen würde. Alles, was sich nun an Kunst, Geschichte und Sehenswertem am Wegrand befindet, muss heute mal auf mich und meine Aufmerksamkeit verzichten. Dazu bin ich nicht mehr aufnahmefähig. Doch meinen Fotoapparat zwinge ich, all jenes, dem ich nicht mehr die nötige Beachtung schenken mag, zu fotografieren für einen späteren Zeitpunkt.

Die letzte halbe Stunde bis in den Ort ist nur noch Quälerei. Aber jeder Schritt bringt mich meinem Ziel von heute näher, der einzige Gedanke, der mich die Hitze, die lahmen Füße und das Gewicht des Rucksacks ertragen und tragen lassen.

Dank Navi (eine tolle Erfindung) finde ich die Gaststätte problemlos, obwohl ich nach Gefühl auch richtig gelaufen wäre. Es ist der Gasthof »Isarwinkel«, ziemlich am Anfang des Ortes. Ich bin wirklich erleichtert, als ich um 15.15 Uhr mein Tagesziel, zwar ziemlich k.o., aber wohlbehalten erreiche. Als Erstes mache ich es mir auf der Terrasse bequem, um mich vom letzten Wegstück zu erholen. Erst nach einer viertel Stunde und einem Radler mache ich mich auf den Weg an die Rezeption. Mir zeigt die Chefin des Hauses mein Zimmer mit der Nummer 1, mit zwei Betten. Kurze Inspektion der Räumlichkeiten. Das Bad liegt auch hier außerhalb meines Zimmers, gegenüber auf dem Flur. Also wieder gemeinschaftliche Bad- und Toilettennutzung. Ich dachte immer, sowas gibt es nur auf den Bergen, aber scheinbar ist es in einfachen Pensionen immer noch gang und gäbe.

Ich schmeiße nur den Rucksack von den Schultern und begebe mich wieder hinunter auf die Terrasse auf ein weiteres Radler. Nun schreibe ich die SMS als Lebenszeichen, trinke ein drittes Radler und genieße das heiße und doch erfrischende Lüftchen unterm Sonnenschirm.

Dann gehe ich um 16.30 Uhr duschen. Naja, macht nichts, dass ich kein eigenes Bad habe. Es sind noch nicht viele Gäste da, sodass niemand drängelt. Dann lege ich mich für eine Stunde zum Ruhen aufs Bett. Angelika schreibt eine SMS, dass sie Feierabend macht und in Nürnberg startet. Eher aus Spaß schreibe ich ihr spontan, dass sie ja heute auch wieder vorbei kommen kann, auf ein Glas Wein und gute Gespräche zum Tagesausklang. Und sie ist genauso spontan und gar nicht abgeneigt, muss aber erst noch ins Büro. Ich schreibe noch erklärend, dass ich zufällig wieder zwei Betten im Zimmer habe und wir doch nun geübt sind, und durchaus eine weitere Nacht beisammen schlafen könnten, falls kein Zimmer mehr frei sein sollte, wenn sie ankommt. Sie antwortet, dass sie kein Zimmer braucht, sondern gerne wieder mit meiner Gesellschaft vorliebnimmt. Super, also abgemacht!

Um 17.45 Uhr nehme ich auf der Terrasse Platz, bestelle ein großes Wasser und schreibe über den Tag von heute und nachtragend den von gestern, weil wir ja so lange auf der Terrasse gesessen hatten. Angelika wird so gegen 19.15 Uhr eintreffen, schreibt sie. Ich informiere die Chefin nur, dass ich noch eine Freundin erwarte, sie aber selbst dann fragen wird, ob noch was frei ist. Wenn nicht, würde sie auch mit in meinem Zimmer schlafen.

Na das ist eine Freude! Gleich mal zwei Dates hintereinander! Ich habe mit dem Essen gewartet, bis sie da ist. Es kommen viele Gäste, wovon nicht alle Hausgäste sind. Ein Zimmer ist noch frei, allerdings auch mit Dusche und Toilette auf dem Gang. Also nimmt sie das zweite Bett in meinem Zimmer und wir sollen statt 35,00 € nur 30,00 € jeder zahlen, inklusive Frühstück. Sie bringt nur kurz ihre Sachen auf mein Zimmer und dann widmen wir uns der Speisekarte. Als wir so gemütlich sitzen, ziehen dunkle Wolken auf und es donnert zwei Mal. Das war es aber auch schon. Dann scheint wieder die Sonne. Wir lassen uns wenig vom Wetter beeindrucken, sondern essen dann erst mal. Ich nehme Leberkäse mit Spiegelei und Bratkartoffeln, die ich allerdings nicht schaffe, weil ich zwei dicke Scheiben Leberkäse auf dem Teller habe.

Wir erzählen von unserem Tag und haben einen schönen Abend. Ich trinke zwei Gläser Wein und im Nu ist es wieder Mitternacht. Eigentlich wollten wir spätestens um 23.00 Uhr im Bett sein, aber gerade, als wir uns entschließen zu bezahlen, kommt der Wirt noch zu uns an den Tisch und erzählt uns seine halbe Lebensgeschichte. Echt lustiger Typ. Ich schiele auf meine Uhr und würde am liebsten das Gespräch beenden.

Doch bevor wir ins Bett dürfen, müssen wir erst noch seine neu eingerichtete Feierstube besichtigen. Echt gut geworden, bestätigen wir ihm, wie eben die bayrischen Stuben sind. Er freut sich und würde uns noch viel mehr von den Räumlichkeiten zeigen, aber wir wehren ab. Es wird Zeit, sich ins Bett zu verabschieden, was er letztendlich auch einsieht. Aber nur mit dem Verweis, dass ich ja zu Fuß unterwegs bin ...

Wir ratschen noch ein bisschen über dies und das, legen die Weckzeit fest und dann ist es doch weit nach Mitternacht, ehe wir uns Gute Nacht wünschen und Ruhe einkehrt. Im Zimmer ist es trotz geöffneter Fenster sehr warm und kühlt sich kaum ab.

Mittwoch, den 19.06.2013

Wir stehen ganz früh auf, weil ich um 6.00 Uhr starten möchte. Angelika hat nichts dagegen, sondern freut sich, da sie dann rechtzeitig in Unterschleißheim sein wird. Auch heute soll es wieder sehr heiß werden. Wir haben kein Frühstück bestellt und gestern Abend jeder 27,50 € bezahlt. Und so wie am Abend schon vereinbart, bringt mich Angelika noch bis ans Stadtende, so dass ich 2-3 km von den angegebenen 32 km einspare.

Es ist jetzt schon sehr schwül. Im Wald läuft es sich zwar ohne Sonne ganz gut, aber es geht eben auch kein Wind. Der befestigte Waldweg endet vor einem Zaun und ich folge wie beschrieben dem Waldpfad. Und es ist erstaunlicherweise trotz der tagelangen Hitze noch sehr morastig, so dass ich aufpassen muss, wo ich hintrete. Ich muss einen Berg raufkraxeln, im wahrsten Sinne des Wortes. Wurzeln und rutschige Stellen fordern mir am frühen Morgen allerhand ab und die Schwüle treibt mir den Schweiß aus allen Poren. Der Weg ist mit gelben Rauten markiert. Auf dem Isardamm angekommen, genieße ich die herrliche Aussicht. Eine Hinweistafel klärt mich auf: Hier ist der berühmte Malerwinkel, weil der Blick auf den Zusammenfluss von Rottach und Isar schon lange ein beliebtes Motiv für Maler ist. Und ein 1877 gefundenes Bronzeschwert zeigt, dass sowohl der Fischreichtum der beiden Flüsse als auch die guten Jagdmöglichkeiten in den umliegenden Wäldern offensichtlich schon zu jener Zeit Menschen in diese Gegend hier gelockt haben.

Dann geht es natürlich wieder hinunter von der Uferböschung, über Blumenwiesen mit Margeriten, Löwenzahn, Kornblumen, Orchideen und vielen blühenden Pflanzen, deren Namen ich gar nicht kenne. Der Weg über die Wiesen ist nur als grüne Spur schwach zu erkennen. Über morastige Stellen helfen Bretter hinweg. Und dann bin ich wieder direkt am Ufer der Isar. Hier lässt es sich auch nicht so gut laufen, weil der lose Kies aus dem Flussbett keine gute Grundlage ist. Deshalb komme ich auch nur langsam voran, mal nah am Ufer, mal durch den Wald.

Dank Navi und Buch finde ich fast immer den richtigen Weg, Betonung auf fast! Denn im Wald an dem Venedig-Wanderer-Denkmal ist auf der Lichtung kein Weg zu erkennen. So gehe ich mit dem Navi in der Hand suchend in jede Richtung, hin, her, vor und zurück, bis ich dann doch den Weg entdecke, hinter einem umgestürzten Baum, der die Sicht auf den Trampelpfad versperrt. Nun folge ich, ohne ins Buch zu schauen, dem ausgeschilderten Weg, überquere eine Landstraße, laufe über eine Wiese auf ein Gehöft zu, habe nasse Schuhe und stelle dann mit Buch in der Hand fest, dass ich auf der Straße hätte bleiben sollen. Ich bin verärgert, natürlich über mich! Schließlich hätte ich ja an der Straße schon mal das Buch aus dem Rucksack holen können. Also gehe ich wieder zurück durch den Wald zur Landstraße, folge dieser bis zur Einbiegung rechts nach Rimslrain, um kurze Zeit später festzustellen, dass ich ruhig über die Wiese hätte weitergehen können, am Wohnhaus von Lochen vorbei, zumal meine Schuhe und Hose bereits nass waren. Hinter dem Wohnhaus von Lochen wäre ich dann auch auf die Straße nach Rimslrain gekommen. Naja, eben immer mal ein wenig mehr laufen, als geplant.

Von Lochen an gehe ich in der Sonne, auf kleinen Straßen von Ort zu Ort, vor mir in der Ferne Berge, denen ich so langsam näher komme. Bei einem kleinen Gehöft mache ich Pause im Schatten eines Gebäudes. Allerdings stinkt es hier nach Kuh und Mist, sodass diese Pause für mich keine richtige Erholung ist. Kein Lüftchen treibt den Gestank weg, also bleibe ich auch nicht lange an diesem Ort, so idyllisch er auch ist.

Eine malerische Landschaft mit vereinzelten Höfen und Ortschaften mit wenigen Häusern, gemähte Wiesen mit Strohrollen, dazu noch freie Sicht auf die Voralpen, da schlägt doch jedes Wanderherz höher. Wenn die Sonne nicht so knallen würde, wären das Leben und die Wanderung ja erträglich! Ich mache mehrere Sitzpausen und nutze dazu Hausecken und Bäume, eben alles, was Schatten spendet, damit ich mich nicht ganz verausgabe. Weiter geht es dann durch einen Wald, einen Kilometer eine Landstraße entlang, durch ein weiteres Waldstück, bis ich hinunter zum Isarstausee geschickt werde.

Es geht über die Staumauer auf die andere Seite des Isarstausees. Ich beobachte Bagger, wie sie das Ufer befestigen, sicher um für das nächste Hochwasser gerüstet zu sein, oder aber Schäden vom Letzten zu beseitigen. So genau kann ich das gar nicht sagen. Am Stausee entlang führt ein schöner Wanderweg. Aber leider eben viel in der Sonne. Trotzdem bemühe ich mich, alles in mich aufzunehmen und helfe vorsorglich meinem Gedächtnis mit Fotos nach. Ich warte ungeduldig auf die Moralt-Alm, laut Buch die „erste Einkehrmöglichkeit auf der heutigen Etappe". Da sie einfach nicht kommen will, nehme ich wieder mit einer Bank vorlieb und trinke meinen Wasservorrat von einem Liter bis auf einen kleinen Rest aus. Es muss ja bald Bad Tölz kommen. Ein Schwarzspecht lässt sich nicht bei seiner Arbeit stören und ich versuche, ihn auf ein Foto zu bannen. So wird auch dies eine interessante Pause mit Gesellschaft.

Weiterziehend bin ich froh, eine Rast eingelegt zu haben, weil die Alm nicht geöffnet ist. Den Abstecher hinauf auf den rund 700 Meter hohen Kalvarienberg tue ich mir nicht an, obwohl die Beschreibung einen lohnenden Ausblick verspricht: „Über dem Isarwinkel mit seinen sanften Hügeln, Wiesen und Wäldern erheben sich rechts Brauneck und Benediktenwand (meinem Ziel von morgen), geradeaus sind die Felswände des Karwendels auszumachen." Ich laste dieses Versäumnis der Hitze an und habe noch nicht mal Gewissensbisse.

Endlich erreiche ich die Innenstadt, fotografiere viel und suche mir ein Café im Schatten. Als Erstes ziehe ich die Schuhe und Strümpfe aus, lege meine Füße abwechselnd hoch und genieße das kühlende Pflaster unter den Fußsohlen. Da soll mal einer sagen, es ginge mir nicht gut! Eine Stunde will ich mir gönnen, von 11.00 – 12.00 Uhr. Ja, dann ist Mittagshitze, aber ich muss ja die letzte Seilbahn aufs Brauneck um 17.00 Uhr bekommen, sonst muss ich noch zwei Stunden hinauf hatschen. Na klar, sollte ich die Seilbahn nicht erreichen, werde ich den Aufstieg auch noch schaffen, aber es muss nicht unbedingt sein. Bis jetzt liege ich noch gut in der Zeit. Von Geretsried bis Bad Tölz braucht man laut Beschreibung ca. fünf Stunden und fünfzehn Minuten. Ich habe bis hierher fünf Stunden gebraucht, mit der Mogelei heute Morgen, den gefahrenen Kilometern.

Ich genieße meinen Platz unterm Sonnenschirm in der Fußgängerzone, beobachte die Menschen und bestaune die Lüftlmalerei an den Häusern. Ich gönne mir ein belegtes Brötchen, das die Wirtin mir zubereitet, einen Pott Kaffee und später noch ein Glas stilles Wasser für 2,40 €, was ich natürlich im Nachhinein bereue. Aber ich bin ja pfiffig. Dafür lasse ich mir wenigstens vor meinem Aufbruch noch die 0,5l Flasche mit Leitungswasser füllen, was der Kellner auch bereitwillig tut. Er findet das Wetter übrigens super. Na klar, wenn ich ein Café mit Eisdiele betreibe, was sollte man sich sonst wünschen?

Um 12.00 Uhr bin ich abmarschbereit. Es geht sogleich über die Isarbrücke auf die andere Flussseite. Ein wunderschön gestalteter Brunnen mit vielen kleinen Skulpturen, die das Handwerk in dieser Region darstellen, erweckt meine Aufmerksamkeit und sorgt für eine kleine Pause. Erstaunlicherweise haben sich die Füße gut erholt und es lässt sich gut laufen. Dummerweise bin ich vor dem Aufbruch zu faul gewesen, um im Café aufs Klo zu gehen und benutze dafür nun die öffentliche Toilette beim Parkhaus, an dem ich vorbei komme. Ich hätte es schöner haben können, wohl wahr! Und nun mache ich mich endlich auf die sechs Kilometer lange Piste bis Arzbach, meinem nächsten Ziel. Rückblickend kann ich nun die verschmähte Doppelkirche auf dem Kalvarienberg, einem Wahrzeichen von Bad Tölz, aus der Ferne bewundern und fotografieren.

Ein bequemer Rad- und Fußweg führt am Ufer der Isar entlang. Ist er nah am Wasser, bringt der Fluss ein kühles Lüftchen mit. Führt er durch Wiesen und Wald ist es windstill und stickig. Und dazu viel zu oft freie Fläche mit intensiver Sonnenbestrahlung. Nach drei Kilometern schmiere ich mich erneut mit Sonnencreme ein und ruhe mich ein wenig aus. Ansonsten ist es schon ein sehr schöner Weg. Jede Menge Fahrradfahrer sind hier unterwegs. Und auf der Isar schippern viele kleine und große Schlauchboote mit Insassen, geführte Bootstouren. Die haben ihren Spaß, weil ich sie fotografiere. Sie winken auf Kommando mit ihren Paddeln. Und ich habe meinen Spaß, ihnen zuzusehen. Sie sind mit Sicherheit besser dran als ich! Vielleicht bedauern sie mich ja auch?

Um 14.00 Uhr, also genau 1,5 Stunden (Pausen abgezogen) für 6 km, mache ich am Ortsrand von Arzbach wieder auf einer Bank halt, bevor ich irgendwo einen Höhenweg nehmen soll, der nach Lenggries führt, um nicht an der Straße entlang laufen zu müssen. Und tatsächlich zweigt am Ende der Ortschaft der Höhenweg ab. Naja, Höhenweg ist übertrieben, gottseidank! Der Weg schlängelt sich fast eben durch kleine Ortsteile, die alle auf ...-höfe enden, aber eben weiter vom Fluss entfernt. Leider bin ich hier viel der Sonne ausgesetzt. Einfach nur Wahnsinn! So schön der Höhenweg auch sein soll, wahrscheinlich auch ist, aber nach einer siebenstündigen Wanderung bei mehr als 30 °C im Schatten fällt mir das Beurteilen von Wegen schon recht schwer. Noch zwei Pausen lege ich ein, eine an einer Hausecke auf einem Mauervorsprung im Schatten, die andere auf einer Bank vor einem schönen Bauernhaus. Meine Füße fühlen sich noch gut an, der Rucksack drückt nicht und belastet kaum, was will ich mehr? Nur die Hitze drückt aufs Gemüt und laugt den ganzen Körper aus. Ich bin immer patschnass geschwitzt. Und das ich! Das will schon was heißen!

Mein Weg führt auch an einer Kaserne der Gebirgsjäger vorbei, die allerdings verlassen scheint. Als ich dann endlich, mehr schleichend als laufend, die Straße erreiche, die hinauf zur Bergbahn führt, bin ich perplex! Die Seilbahn scheint weit oberhalb vom Parkplatz erst zu beginnen. Das ist der Hammer! Und die Straße im vollen Sonnenschein. Seit zwei Uhr ungefähr verdunkeln zwar vereinzelt Wolken die Sonne, aber immer ausgerechnet dann, wenn kein Baum Schatten spendet, ist die Wolke vorübergezogen. So ein Mist aber auch!

Ich erreiche den Parkplatz im Schlurfschritt um kurz nach halb vier und bin hocherfreut, dass doch die Bergbahn in unmittelbarer Nähe beginnt. Bin ich erleichtert! Ich könnte vor Freude jubeln!

Und los geht's, für 10,00 € in die Bahn und hinauf auf den Berg. Dafür schwitze ich gerne in der Kabine. Es sind erstaunlich wenige Menschen hier zu sehen. Und unterwegs bin ich noch keinem Wanderer mit Rucksack begegnet.

Aus der Gondel habe ich einen grandiosen Blick hinab ins Tal, über die Isarauen und Dörfer hinweg bis dorthin, wo ich Bad Tölz vermute. An einigen Seilbahnmasten steht „Grüß Gott am Brauneck" und ich fühle mich angesprochen. Natürlich habe ich auch beim Hinaufschweben ausreichend Gelegenheit, meinen Wanderweg zu begutachten, den ich hinaufgekrochen wäre, hätte ich die letzte Seilbahn verpasst. Wunderschöne Berge erstrecken sich am Horizont, von denen ich leider keine Namen und auch nicht die Zugehörigkeit weiß.

Von der Bergstation sind es noch läppische zehn Minuten hinauf zum Gipfelhaus, aber die fallen mir unsagbar schwer. Ich nutze meinen Fotoapparat, damit es nicht so auffällt, wenn ich stehen bleibe, um zu schnaufen. Und dann bin ich endlich angekommen, kurz nach 16.00 Uhr.

Da ich per Mail und Vorauszahlung von 20,00 € bereits vor zwei Wochen reserviert hatte, ist alles kein Problem. Der Hüttenwirt freut sich über meinen Besuch. Nach den Wünschen für mein Nachtlager befragt, entscheide ich mich aus Kostengründen fürs Lager. Auch hier oben sind sehr wenige Gäste und wer davon hier schlafen wird, ist für mich noch nicht so eindeutig zu erkennen. Zum Abendbrot soll es Pfannkuchensuppe, Schweinsbraten mit Klößen und Rotkraut geben, wenn ich Bergsteigerhalbpension nehme. Na dem stimme ich doch zu!

Ich steige allein die Treppe hinauf in die erste Etage, wandere die Flure entlang und schaue in die offenen Zimmer. Wie nicht anders zu erwarten, fast nur Doppelstockbetten, Zwei- und Vierbettzimmer. Bei meiner Entdeckungstour durch diese und die nächste Etage finde ich auch gleich die Toiletten und Duschen. Ein riesiger Schlafsaal wird mein Nachtquartier. Weit über 30 Schlafplätze in diesem Raum. Ich beziehe mein Lager und werde wahrscheinlich die Einzige hier drin bleiben. Eine Ruhepause auf dem Bett brauche ich nicht, sondern ich nehme nur meine Wertsachen und wandere wieder hinunter.

Ich sitze auf der Terrasse unter Sonnenschirmen und schreibe über meine heutige Etappe, nebenbei trinke ich mein obligatorisches Radler. Gleitschirmflieger starten nicht weit von der Hütte entfernt, schweben durch die Luft und sie zu beobachten ist ein interessanter Zeitvertreib für mich. Der Wirt gesellt sich ab und an zu mir. Natürlich fragt er stirnrunzelnd und etwas ironisch nach meiner seltsamen Ausrüstung – mit Laptop auf dem Berg? Er gibt sich mit meiner Erklärung zufrieden und lenkt versöhnlich ein. Wir unterhalten uns über den Weg von morgen und er erzählt mir einige Erlebnisse vom Berggehen.

Dann kommen doch wirklich noch elf Leute mit Koffern auf den Berg. Ja wirklich, mit Koffern! Dieser Anblick ist so befremdlich und lustig zugleich! Menschen, die einen Rollkoffer den Berg hinauf hinter sich herziehen? Wahnsinn! Man könnte meinen, es handelt sich um eine Folge der „Versteckten Kamera". Und drei Frauen mit Röckchen und Dirndl sind dabei, mit den entsprechenden Absatzschuhen, versteht sich. Natürlich lästert auch der Wirt über diese seltsame Kleiderordnung, aber einige der Männer haben zumindest Lederhosen an. Was es nicht alles gibt! Wirklich eine seltsame Truppe.

Es scheint, als sei es ein Team- oder Vereinsausflug oder so etwas in der Art. Aber das tollste ist eine dralle Frau im Dirndl mit Hackenschuhen, schwarze Lackschuhe. Einfach irre! Ein guter Bekannter hätte jetzt gesagt: „Da weint der Berg!"

Das Essen gibt es um 18.00 Uhr, und da es noch so schön ist, essen alle auf der Terrasse. Nun sind wir 20 Gäste. Es schmeckt ausgezeichnet und ich bin satt.

Danach gehe ich mich waschen und umziehen. Als ich auf meinem Bett sitze, von denen es mittig im Raum als Doppelstock vierzehn an der Zahl gibt, geht plötzlich die Tür auf und ein junger Mann schaut sich um, grüßt und geht wieder. Er ist sicher auf der Suche nach einem geeigneten Zimmer. Na, wenn das aber in der Nacht passiert! Ein wenig Angst kommt schon mal auf bei solchen Erlebnissen.

Dann begebe ich mich wieder vors Haus und suche mir einen windgeschützten Platz. Ein wunderschöner Sommerabend und keine Regenfront in Sicht meint der Wirt. Es ist gerade mal 20.00 Uhr, als er zu mir an den Tisch kommt und abkassiert. Ich muss noch 15,00 € zahlen.

Und dann frage ich ihn doch noch nach W-Lan. Er will es mir freischalten. Nach einigen Versuchen, bei denen er unterschiedliche Passwörter eingibt, klappt es endlich. Jürgen hatte gerade angerufen, während ich auf den Zugang gewartet und Fotos komprimiert habe. Dann funke ich Susanne an und wir können ein wenig erzählen und uns sehen via Skype. Jürgen bekommt drei Mails mit Fotos von den drei Tagen. Mit Susanne und Theresa schreibe ich noch kurz. Ich hatte den Wirt nicht gefragt, was er für das Surfen im Netz haben will und höre durch die Tür, dass die

Dame im Dirndl danach fragt und er sagt etwas von 8,00 €. Das jagt mir doch einen gehörigen Schreck ein. Also fassen wir uns kurz, damit ich nicht so viel bezahlen muss.

Letztendlich will er von mir doch nichts für die Internetnutzung haben, als ich ihn danach frage, sicher wegen DAV-Mitgliedschaft und so. Ich verabrede mit dem Hüttenwirt das Frühstück. Erst wollte ich keines in Anspruch nehmen, aber da er nur Halbpension abrechnen konnte, schlägt er mir vor, dass ich alles vorbereitet auf dem Wagen vor der Küche vorfinden werde, weil es eben erst ab um 7.00 Uhr offiziell Frühstück gibt. Nun, dann soll es eben so sein!

Rechtschaffen k.o. gehe um 21.30 Uhr hinauf ins Lager und bin mir sicher, dass ich um 22.00 Uhr schon eingeschlafen sein werde.

Donnerstag, den 20.06.2013

Ich weiß nicht, wann es war, aber irgendwann in der Nacht knarren die Treppenstufen und es geht die Tür auf. Ein junger Mann steht in der Tür und scheint sich zu erschrecken, weil er sofort wieder rückwärts raus geht. Ich höre ihn die Treppe wieder runter trapsen. Sicherlich war er eine Etage zu hoch gegangen. Lustig, oder? Ich verbiete mir strickt, darüber nachzudenken, wer vielleicht noch hier rein kommen könnte...

Um 5.00 Uhr klingelt mein Handy-Wecker und ich stehe auf. Die Dielen im Flur auf der anderen Seite knarren fürchterlich, dort wo sich das Bad und die Toiletten befinden. Ich kann es nicht ändern.

Zwanzig Minuten später sitze ich mit gepacktem Rucksack in der Gaststube und frühstücke. Es hat alles geklappt. So wie mit dem Wirt vereinbart, steht das Frühstück für mich vorbereitet auf dem Wagen vor der Küche bereit. Ich habe Brot, Butter, Wurst, Käse und Kaffee bestellt. Alles da! Nur der Kaffee ist natürlich nicht mehr so heiß. Und es steht noch eine 0,5l Flasche Wasser dabei. Vorsorglich hatte ich mir gestern Abend schon eine gekauft, die er mir für 1,00 € anbot, weil er mir hinter vorgehaltener Hand sagte, dass er das Wasser auf der Hütte laut Gesundheitsamt nicht als Trinkwasser ausweisen darf. Die anderen beiden Flaschen wollte ich mir trotzdem mit Leitungswasser füllen. Nun habe ich 1l Mineralwasser und das müsste reichen, denn so lang ist die Tour heute ja nicht. Es gibt unterwegs nichts zum Einkehren, steht im Buch.

Ich schmiere mir eine Doppelscheibe Brot, belege sie dick mit Wurst und Käse und packe sie ein. Eine Scheibe Brot esse ich. Ist aber kein Genuss. Das wäre das Richtige für meinen Mann, altbackenes, trockenes Brot und nur kleine Scheiben, schön dick geschnitten, also mehr harte Rinde als Brot. Was soll's? Unterwegs schmeckt alles!

Draußen geht die Sonne auf. Ich trete um 5.35 Uhr vor die Hütte und kann noch wunderschöne Fotos vom Sonnenaufgang machen. Rot steht die aufgehende Sonne hinter dem Gipfelkreuz und taucht das Hüttendach in eine dunkelrot glänzende Fläche. Da schlägt doch jedes Wanderherz höher, bei solch einem Anblick!

Als ich den ersten Hügel hinter mir habe, der Wirt hatte mir gestern noch den Weg erklärt (übrigens wollte er mich um die Benediktenwand drumherum schicken zur Tutzinger Hütte, den leichten Weg), da liegt auf einer Bank ein Rucksack, daneben Isomatte und eine Fototasche. Den Besitzer sehe ich gegenüber an dem Hügel rumkraxeln. Ich vermute, er war sicher hier oben wegen dem Sonnenaufgang. Wirklich traumhaft so ein klarer Morgen in den Bergen, wenn die Sonne aufgeht.

Es ist windig und kühl, so dass ich vorsichtshalber beim Start die Jacke angezogen habe. Es dauert aber keine halbe Stunde, da muss ich sie wieder ausziehen. Ich entscheide mich für den Weg über die Achselköpfe, statt drumherum. Und das ist einfach mordsmäßig anstrengend. Die Luft scheint zu stehen hier oben und die Sonne lacht von einem wolkenlosen Himmel: Morgens, halb sieben in Deutschland. Der Pfad schlängelt sich durch Latschenkiefern bis hinauf zum Latschenkopf (1712 m), der seinen Namen sicherlich dem Bewuchs verdankt. Nur gut, dass es trocken ist, sonst wären die Hosenbeine schon kniehoch nass. Es ist sehr idyllisch hier oben und ich bleibe oft stehen, zum Schauen und Fotografieren. Nur ein wenig Kühlung fehlt. Einige Flecken Schnee liegen noch hier und da in den Senken, die der Hitze der letzten zwei Wochen getrotzt haben. Wunderschöne Bergblumen locken mir immer wieder den Fotoapparat aus der Tasche.

Naja, es geht bergauf, bergab, bergauf, bergab und wieder bergauf. Wie viele Achselköpfe (1707 m) es eigentlich sind, kann ich nicht sagen, denn erst als ich in der nächsten Senke von oben einen Pfad sehe, der auf meinen trifft, weiß ich, dass dies der Rotöhrsattel sein muss, wo beide Wege wieder zusammentreffen. Und da sehe ich auch einen Mann, ein echter Bergtyp wie aus der Werbung, der an anderer Stelle einen der vielen Köpfe hinauf kraxelt. Er geht langsam und benutzt einen Wanderstab. Nun, spätestens auf dem

Gipfel werde ich ihn sicher treffen, wenn nicht schon vorher. Ich halte beim Weitergehen immer Ausschau nach ihm, bis ich ihn aus den Augen verliere. Schade!

Als ich dann den Sattel passiert habe, staune ich nicht schlecht, um nicht zu sagen, ich bin überrascht. Da sitzt er im Schatten hinter einem Busch und macht Pause. Wir unterhalten uns. Ich schätze ihn auf mindestens siebzig und er ist schwerhörig, sagt er mir. Also gehe ich näher ran, spreche lauter und artikuliere die Worte deutlicher. Er ist Münchner und wandert am Liebsten nachts, mit Stirnlampe und so. Er ist heute Morgen kurz nach 2.00 Uhr von Lenggries aufgebrochen, geht über alle Gipfel, dann hinunter zur Tutzinger Hütte und weiter nach Bendediktbeuren. Von dort aus fährt er mit dem Zug zurück nach Hause. Im Gegenzug will er von mir wissen, wohin ich will und kann es nicht glauben, dass ich als Frau allein unterwegs bin. Er erzählt von seinen Bergtouren und dass er jetzt einfach von zu Hause ausreißt, weil es in München viel zu heiß ist. Ich sage, dass es aber hier auch heiß genug ist. Er lacht und sagt, schätzungsweise 25°C und in München sind es mindestens 10°C mehr. Na, wie „nur" 25°C kommt es mir aber nicht vor. Eher noch wärmer.

Ich verabschiede mich: „Wir sehen uns auf dem Gipfel wieder."

Ich solle am Gipfel nicht auf ihn warten, sagt er lächelnd und deutet auf sich und seinen Stock. Ich erkläre ihm, dass ich selbst nicht die Schnellste bin und da die Wand das höchste Ziel heute ist, werde ich dort sicher eine lange Pause machen. Noch bevor ich gehen kann, sagt er schmunzelnd, dass es unwahrscheinlich lang ist, bis die Wand kommt: „Sie werden sich wundern!" Sagt's und widmet sich wieder seiner Brotzeit.

Das mit den unzähligen Vorgipfeln kenne ich ja von vielen Bergtouren, aber die Benediktenwand schießt doch den Vogel ab. Kaum zu glauben! Und das bei gefühlten 40°C. Es geht mindestens noch über vier Gipfel(-chen) hoch und runter, ehe ich die Hütte unterhalb des Gipfelkreuzes erreiche. Ich bin vollkommen durchgeschwitzt. Da nutzt auch der Wind nicht viel.

Von weitem sehe ich eine Frau auf dem Gipfel unterm Kreuz sitzen. Als ich bei der Schutzhütte kurz raste, zieht sie ihre Bluse wieder über und macht sich startklar. Wir grüßen uns und ich frage, von wo sie aufgestiegen ist. Von Jachenau und dahin will sie nun wieder zurück. Drei Stunden hat sie gebraucht und ist stolz auf sich. An der Hütte hängt ein Schild, 2 Stunden bis Jachenau, bergab, dann ist hinauf in drei Stunden wirklich eine tolle Leistung, vor allem nachdem ich jetzt weiß, wie weit das ist. Sie fragt nach meinem Gepäck und wie weit ich noch will. Auch sie kann es nicht glauben, dass ich als Frau alleine so eine Fernwanderung mache und wünscht mir einen guten Weg!

Es ist 9.30 Uhr. Ich sitze unterm Gipfelkreuz (1801 m), schau meinen Weg zurück und bin stolz, hier zu sitzen. Tief atmend nehme ich alles in mich auf. Grandiose Bergwelt!

Auf dem Latschenkopf war ich der angegebenen Zeit im Buch noch voraus, aber die vielen Achselköpfe und Hügel vor der Benediktenwand haben ganz schön geschlaucht, so dass ich 4 Stunden mit Pausen gebraucht habe. Im Buch schreiben sie drei Stunden, aber das ist ja immer ohne Zwischenstopps gerechnet.

Ich genieße den Ausblick bei traumhafter Sicht, schaue auch hinunter auf die Tutzinger Hütte und hinüber zur Brauneck-Hütte. Was für ein Genuss, auf einem Gipfel unter dem Kreuz zu sitzen, den Aufstieg geschafft zu haben und sich dessen bewusst zu sein, dass dies nicht sehr vielen Menschen möglich ist. Ja, es ist anstrengend, aber ich bin zumindest in der Lage, auf einen Berg zu steigen. Viele Menschen können dies nicht. Und noch viel mehr Menschen wollen das gar nicht! Aber sie haben dieses Gefühl mit Sicherheit auch noch nicht erlebt und können gar nicht nachempfinden, warum man so etwas tut. Ich bin glücklich!

Ich trinke schon mal die erste Flasche Wasser halb leer und esse Traubenzucker. Auf mein Brot habe ich noch keinen Hunger. Ich mache es wie die Frau vor mir und ziehe die Bluse aus, damit sie trocknen kann. Und ich auch. Als ich mich so umschaue und Fotos mache, sehe ich zwei weitere Wanderer kommen. Allerdings sind sie noch so weit weg, dass sie mein Outfit nicht erkennen können. Als ich dann aber Schritte höre und den Münchner bei der Schutzhütte sehe, ziehe ich meine Bluse schnell wieder an.

„Sehen sie, ich wusste es, wir sehen uns wieder!", sage ich lachend bei seinem Eintreffen.

Wir setzen uns nicht weit voneinander und unterhalten uns ein wenig. Er zeigt mir, wo in etwa ich lang gehen werde nach Jachenau. Naja, dass es gehörig bergab gehen wird, ist mir schon klar. Aber dass ich nach seiner Empfehlung über den nächsten Berg dahinter soll, das gefällt mir nun gar nicht. Er sagt, man kann auch drumherum gehen, was sich ganz schön zieht. Der Weg über den Berg sei der angenehmere, versichert er mir deshalb nochmal, als er meinen Gesichtsausdruck richtig deutet. Auf jeden Fall zieht es sich, wenn ich der Straße um den Berg folgen will. Das denke ich mir. Ich werde spontan entscheiden, wenn ich dort bin.

Als er sich verabschieden will, nähern sich die beiden Männer, die ich schon gesehen hatte. Der alte Berggeher setzt nochmal zum Sprechen an: „Eins will ich ihnen noch sagen: Werden sie nur nicht alt! Dann hat man jeden Tag andere Gebrechen und ist nicht mehr so fit." Das glaube ich ihm gerne und sage, dass ich deswegen jetzt die Zeit nutze, solange ich es noch kann. Und weg ist er. Über seine Worte nachsinnend, schaue ich ins Blau des Himmels. Wenn er wüsste, wie gut ich darüber Bescheid weiß.

Mir bleibt nicht lange Zeit, dann habe ich kurz drauf neue Gesprächspartner. Die beiden Männer sind auch gehörig durchgeschwitzt und schnaufen mächtig. Das beruhigt mich doch sehr. Sie fotografieren sich gegenseitig, bis ich Ihnen anbiete, sie zusammen zu fotografieren. Hocherfreut nehmen sie mein Angebot an und fotografieren im Gegenzug dann mich unterm Kreuz, was aber nicht nötig gewesen wäre, da ich ja solche Sachen mit Selbstauslöser schon längst erledigt habe. Sie kommen von der Tutzinger Hütte und gehen auch wieder dorthin zurück, allerdings auf der anderen Seite der Wand hinab. Sie haben nur Tagesrucksäcke dabei und so entspinnt sich natürlich das Gespräch mit den Fragen: Woher? Wohin? Und wieder nur staunen. Sicherlich schwer zu verstehen, dass man sich als Frau allein auf den Weg macht.

Dann verabschieden wir uns, brechen gemeinsam auf und gehen in verschiedene Richtungen. Es ist 10.15 Uhr. Ich plane mit ausreichend vielen Pausen vier Stunden für den Weg ein. Es soll aber kein Genuss werden!

Ich hatte vorhin an der Schutzhütte gelesen, dass ich mich immer Jachenau/Petern halten soll. Nach einigen Metern Abstieg steht an meinem Weg ein Schild zur Warnung: „Gefährlicher Abstieg! Nur für Geübte!" Nun, ich denke, ich bin geübt. Aber davon stand eigentlich nichts in der Wegbeschreibung. Macht mich schon ein wenig stutzig.

Die Stöcke hatte ich eh noch am Rucksack gelassen und so mache ich mich an den Abstieg. Es ist wirklich eine mühselige Kraxelei, an der steilen Wand hinab. Mit größtmöglicher Sorgfalt steige ich Serpentine für Serpentine hinab, dem schmalen Trampelpfad folgend. Loses Geröll erschwert noch das Ganze.

Ich mache eine Standpause im Schatten eines Felsens, weil ich dringend die Mütze aufsetzen muss und Sonnencreme nachlegen will. Mein Wasser ist zwar lauwarm, aber ich genieße es wie jemand in der Wüste, lasse aber noch einige Schlucke übrig, für alle Fälle. So ganz ohne Wasser will ich doch nicht sein.

Als ich endlich den Fuß der Wand erreiche, der Weg mich nun über saftige Wiesen führt und nicht mehr so steil ist, kann ich unten am Abhang schon eine Alm erkennen. Zwei Männer mit Tagesrucksäcken neben sich, liegen unter einem Baum und machen Rast. Wir rufen uns nur ein Hallo zu. Hier lässt es sich wesentlich besser laufen und ich komme gut voran, schwitze dafür aber gehörig.

Die Alm erreiche ist um 11.00 Uhr. Am Pfosten eines Weidezauns markieren Schilder die Richtungen. Für mich steht: Petern/Jachenau 1,5 Stunden. Na, das wäre aber fix. Eine andere Richtung, etwas südlicher müsste ich gehen, wenn ich den Höhenweg nach

Jachenau-Dorf nehmen will, der allerdings zwei-dreiviertel Stunden dauern soll. Och nö! Ich entscheide mich für die anderthalb Stunden, immerhin steht Jachenau mit auf dem Schild.

Ich freue mich und denke, da liege ich aber gut in der Zeit. Laut Wegweiser muss ich über das Anwesen. Ist ja öfters so auf den Bergen. Vielleicht kann ich mein Wasser nachtanken, denn ich verspüre großen Durst.

Als ich aber um die Hausecke biege, nehmen zwei Kühe vor mir Reißaus und jagen im Galopp davon. Wenn ich sie mit meinem Auftauchen erschreckt habe, dann haben sie es mir mit ihrer Flucht mit gleicher Münze heimgezahlt. Vor Schreck stockt mir kurz der Atem und die Füße zögern. Ich reiße mich zusammen, weil ich just in dem Moment Stimmen höre und mich schäme, dass ich mich von Kühen hab erschrecken lasse. Seitlich neben dem Haus sehe ich auf der Terrasse mehrere Leute sitzen, die Mittagspause machen. Um der Situation die Spannung zu nehmen, sage ich spaßig und völlig unschuldig: „Aber ich habe sie nicht erschreckt oder gejagt! Ich war das nicht."

Einer der Männer lacht und erwidert etwas, was ich nicht verstehe. Dafür verstehe ich das nächste: „Ich könnte ihnen was zu Trinken anbieten. Radler, Apfelsaftschorle…?" Ich staune nicht schlecht, weil er wohl meine Gedanken lesen kann und antworte: „Ganz normales Wasser reicht mir auch schon."

Er hält im Essen inne und zeigt hinter sich: „Da um die Ecke, hinterm Schuppen, da ist der Trog. Bergwasser, können sie bedenkenlos trinken".

Ich bedanke mich und bin total happy. Wie es immer so ist: Wenn das Trinken knapp wird, hat man umso mehr Durst! Es ist ja auch eine wahnsinnige Hitze. Ich bedanke mich, winke ihnen zu und wünsche weiter Guten Appetit!

Um die Ecke erwartet mich ein Holztrog mit fließendem Wasser aus einem Rohr darüber. Eiskaltes Wasser. Zunächst trinke ich meine Flasche Mineralwasser ganz leer und dann kommt das kalte Bergwasser dran. Köstlich! Und natürlich kühle ich mir die Arme, den Nacken und das Gesicht. Tut das gut! Ich trinke schluckweise das kalte Wasser, fülle mir meine beiden Flaschen voll, und trinke weiter. Bestimmt komme ich mit dem Liter Wasser nun gut über die Runden.

Doch bevor ich wieder aufbreche, setze ich mich auf den Rand des Troges und nehme mein Buch raus. Erstaunt stelle ich fest, dass ich gar nicht den im Buch beschriebenen Weg gegangen sein kann, denn laut Beschreibung wäre ich ja nicht an einer Alm mit Wasser vorbei gekommen. Wo habe ich mich verlaufen? Wobei verlaufen wohl nicht der richtige Ausdruck ist.

Es dauert eine Weile, ehe ich so richtig mit der Karte klar komme und in etwa weiß, wo ich mich gerade befinde, egal wie ich hierhergekommen bin. Denn wenn ich eine der beiden Almen nehme, führt laut Zeichnung eigentlich kein richtiger Weg hierher. Und wenn ich den Wegen folge, komme ich an keiner Alm vorbei. Ein echtes Rätsel. Aber wo bin ich verkehrt gegangen? Ich weiß auch nicht so recht, auf welcher Alm ich nun bin. Schließlich lege ich für mich fest, ich muss auf der Bichler Alm sein. Doch egal, klar ist mir nur, dass ich erst mal weiter bergab muss. Egal, viele Wege führen nach Rom! Auf jeden Fall geht es hier lang, nach Jachenau. Und da will ich ja hin!

Um 11.15 Uhr verlasse ich mit einem herzlichen Dankeschön die Alm. Und dann geht es bergab, eine Straße, kein Trampelpfad, so wie ich es auf der Karte gesehen habe. Aber sie ist wesentlich länger und hat mehr Serpentinen, als die Karte im Buch es vermuten lässt. Ich bin zu faul, das Navi rauszuholen, um mich zu vergewissern. So lange ich auf dieser Straße bleibe und später zwei Mal nach rechts abbiege, kann mir nichts passieren. Denn wenn ich jetzt das Navi rausnehme, könnte es sein, dass ich stinkig werde, wenn ich sehe, wie weit es noch ist. Ich entschließe mich, nicht nach Petern zu gehen, sondern vorher rechts abzubiegen und durch das Reichenautal zu wandern. Sicherlich schöner, als an der Straße entlang nach Jachenau zu laufen. Im Tal, denke ich mir, wird ja wohl ein wenig Schatten durch Bäume sein.

Nach einer halben Stunde kräftezehrendem Bergabhatschen höre ich einen Traktor hinter mir den Berg herabkommen. Wird bestimmt der von der Alm sein, der stand nämlich mitsamt Anhänger auf dem Weg. Also, sollte mich der Mann fragen, ob ich ein Stück mitfahren will, sage ich garantiert nicht nein.

Es dauert lange, ehe mich der Traktor einholt. Aber der Fahrer, scheinbar ein Angestellter, starrt mich nur groß ohne Gesichtsregung an, so wie auf der Alm schon, und tuckert vorbei. Ich überlege, ob ich aufspringen soll oder mich an den Hänger hängen könnte. Ich lasse diese Experimente, schmolle aber mit diesem Unbekannten.

Siehe da, es kommt noch ein kleinerer Laster hinterher, mit dem dickeren Mann und dem jungen Mädchen in der Fahrerkabine, die mich von der Terrasse aus auch nur stumm angestarrt hatten. Auch sie haben kein Herz mit mir und fahren weiter, ohne nachzufragen. Sie tuckern langsam an mir vorbei und hinterlassen für mich nur eine riesige Staubwolke. Ich fluche innerlich. Und jetzt beim Schreiben, wo ich weiß, wie weit es noch zu laufen war, könnte ich ihnen im Nachhinein für diese Herzlosigkeit den Hals umdrehen.

Es ist kein Ende des Weges abzusehen und wahnsinnig heiß. Die Knie fangen an zu schmerzen und die Füße natürlich auch, weil die Straße recht steil ist.

Ich mache Pause von 11.50 – 12.15 Uhr unter einem Baum, auf einer Betonröhre. Echt gemütlich, wirklich, weil ich mich nicht auf die Erde setzen muss. Brütende Hitze! Selbst den Vögeln ist es zu heiß zum Singen. Das (ausgetrocknete) Brot ist echt ein Genuss, kaum zu glauben! Und das Wasser erst noch dazu! Einfach der pure Luxus! Das wird aber sicher nur ein Wanderer verstehen.

Dann ist es erst mal wieder für die nächste viertel Stunde erträglich mit den Füßen und Knien. Aber die Straße führt erbarmungslos weiter bergab, in großen und kleinen Kehren, ordentlich steil. Und es ist heiß, obwohl viel des Weges im Schatten liegt. Ich habe die Nase gestrichen voll! Irgendwann muss doch mal laut Karte der erste Abzweig zu einer Alm kommen, wo ich mich rechts halten muss? Das Rechts entpuppt sich als geradeaus und hier steht nun wieder auf dem Schild „Petern 1 Stunde". Wahnsinn! Soviel nun zu dem Schild auf der Alm, über das ich mich ja gewundert hatte.

Es hilft nichts, ich muss weiter bergab. Ich denke mir: Wie die Saugasse im Berchtesgadener Land, die vom Königssee hinauf ins Steinerne Meer führt, oder umgekehrt hinab. Bloß bei der ist ein Ende abzusehen. Auf jeden Fall hat diese Straße nach meinem derzeitigen Empfinden mehr Kehren, als die sogenannte Saugasse, die auf rund 400 Höhenmeter 36 Kehren aufweist. Und diese Straße hier ist mitunter genauso steil. Ich mache öfters Stehpausen für die Füße und Knie. Das fehlte mir noch, Blasen kriegen durch das Bergabgehen.

Es hört nicht auf, egal wie sehr ich innerlich fluche! Für die Schönheit der Natur fehlt mir jedweder Blick. Sicher wäre es erträglicher, wenn das Thermometer zehn Grad Celsius weniger anzeigen würde. Gegen 13.00 Uhr ungefähr bleibe ich mitten auf der Straße stehen und fluche laut:

„Jetzt hab ich aber die Schnauze gestrichen voll."

Ich drehe mich seitwärts, damit die Füße nicht bergab stehen und die Zehen gegen die Schuhspitzen drücken. Da sehe ich aus den Augenwinkeln zwei Männer hinter mir kommen. Es sind die beiden Wanderer, die oberhalb der Alm Rast auf der Wiese machten. Ich habe noch nicht mal mehr Zeit, meine Bluse zuzuknöpfen, sondern ziehe sie nur instinktiv über der Brust zusammen. Doch das stört mich nicht mal. Vielmehr grämt es mich, dass sie sicher gehört haben, was ich eben von mir gegeben habe. Denn das war nicht nur leise „in den Bart gebrammelt"! Was soll's? Und zum Hohn machen sie mal einen kleinen Dauerlauf bergab, nachdem sie mich passiert haben. Ätsch, dafür kann ich mir auch nichts kaufen, sondern sage nur nochmal, als sie außer Hörweite sind: „Scheiße". Langsam trotte ich weiter bergab, nachdem ich den Groll auf mich selbst und den sch... Weg einigermaßen im Griff habe.

Und dann, es ist ca. 13.15 Uhr, sehe ich den zweiten Abzweig, der tatsächlich rechts ins Reichenautal führt. Leider ohne Zeitangabe bis Jachenau auf dem Schild.

Soweit ich den Weg einsehen kann, volle Sonneneinstrahlung. Na super! Geradeaus kann ich einen größeren Waldparkplatz sehen, dahinter zwei Häuser und in der Ferne die Landstraße. Sie lockt schon, aber dort entlang, vielleicht ohne schattenspendende Bäume - echt ätzende Vorstellung. Oder ob ich bis zu dem Parkplatz gehe und warte, ob jemand zu den vier parkenden Autos kommt? Und wenn ja, dann weiß ich noch lange nicht, ob derjenige auch in Richtung Jachenau will? Oh je, ich bin so was von hinüber…

Meine Gedanken kreisen um alle möglichen Dinge: Taxi, Anhalter, Aufgeben, Laufen, Warten, Hinlegen, Fluchen und so weiter. Ich muss auf jeden Fall Pause machen! So gehe ich ca. 200m nach rechts ins besagte Reichenautal, um mich erschöpft unter einem Baum, seitlich etwas ab vom Weg, nieder zu lassen. Bei der Hitze jagt man auch keinen Hund vor die Tür! Ich entledige mich nun ganz meiner Bluse und hänge sie zum Trocknen über den Rucksack. Das ist der Vorteil, wenn wenige Leute unterwegs sind. Es sei denn, es tauchen wieder, wie aus dem Nichts, zwei Männer auf!

Ich sitze keine zwei Minuten, da erwische ich schon die erste Mücke auf dem Oberarm, die sich an mir labt. Und dann werden es schlagartig immer mehr. Habe ich eine erschlagen, ist schon die nächste im Sinkflug. Verflucht noch mal, das fehlt mir noch in meinem Zustand. Ich hänge mir die Bluse über die Schultern und ziehe wieder den Wanderführer zu

Rate. Also der Weg durch das Tal sieht ganz schön lang aus. Und der Reichenbach verläuft immer nebenher. Also werden mich die Mücken nicht verlassen sondern fressen wollen. Am liebsten würde ich laut fluchen, aber das bringt mir nichts, ich weiß! Meine Stimmung wechselt zwischen Wut, Verzweiflung, Resignation und Selbstmitleid schneller als ich die Mücken erschlagen kann.

Ich lasse die Vernunft entscheiden. Hier durch das Tal mit Mücken zu wandern, wenig Schatten und noch weniger Luftbewegung, das erscheint mir nicht sinnvoll. Ich entscheide mich für Petern, denn in einiger Entfernung sehe ich die Häuser und parkende Autos. Im Buch sind Haltestellenschilder an der Straße eingezeichnet. Also fahren dort Busse von einem Ort zum anderen. Und wenn ich an der Landstraße ankomme und lange Zeit kein Bus fährt, mache ich Anhalter oder rufe den Wirt an. Er wird mir sicher eine Telefonnummer von einem Taxiunternehmen sagen können oder gleich selbst eins rufen und schicken, wenn ich ihn ganz nett bitte. Bei diesen Temperaturen muss doch jeder Verständnis für einen Wanderer haben, oder nicht?

Gedacht – getan! Ich schlurfe durch die Sonne, was für ein Wahnsinn! Dann bin ich bei dem Parkplatz, von dem gerade, als ich meine Umkehr beschlossen hatte, ein Auto weggefahren war. So ein Mist aber auch! Jetzt tut sich grade nichts, aber die Straße ist nur

100m entfernt und da fahren viele Autos. Ich werde mich als Anhalterin verdingen.

Und genau da, wo ich die Landstraße erreiche, ist eine Bushaltestelle. Das Haltestellenschild war, durch einen kleinen Baum verdeckt, meinen Blicken verborgen geblieben. Ich schleppe mich zu dem Schild unter den Baum, weil das der einzige Schatten weit und breit ist. Ich kann meinen Augen nicht trauen, als ich den Fahrplan studiere: Um 13.40 Uhr soll hier ein Bus anhalten und bis Jachenau fahren. Ein Blick zur Uhr: 13.40 Uhr. Ein Blick auf die Straße: Der Bus kommt! Ich könnte schreien vor Glück! Ich habe gerade noch Zeit, den Rucksack abzusetzen und meine Geldbörse aus dem Deckelfach zu angeln, da öffnet sich die Bustür neben mir. 2,40 € statt Sonnenstich und Mücken. Was für ein Glücksgefühl!

Vollkommen erschöpft lasse ich mich auf einen Sitz fallen, platziere Rucksack und Stöcke neben mich und schnaufe durch. Erst nach einer Weile habe ich Muse, mir die vorbeisausende Landschaft anzusehen. Auf der Anzeige über dem Fahrer sieht man die Fahrstrecke und wo der Bus als nächstes halten wird. Mir fällt auf, dass er in Jachenau zwei Haltestellen anfährt, einmal Post und einmal Mühle. Ich frage eine ältere Dame in der Reihe vor mir, wo ich aussteigen muss, wenn ich zum Gasthaus „Zur Jachenau" will. Sie kann nicht gleich antworten, aber das Mädchen vor ihr dreht sich um und sagt „Post".

Und genau dort steige ich aus, stelle meinen Rucksack auf die Bank hier an der Haltestelle. Das Mädchen steigt auch mit aus und noch ehe der Bus weiter fährt, frage ich sie, in welche Richtung ich gehen muss. Bereitwillig bekomme ich die nächste Auskunft von ihr und staune nicht schlecht: Links von mir in 50m Entfernung das Gasthaus. Was bin ich glücklich!

Ich nehme den Rucksack nur auf eine Schulter und sehe einige Meter entfernt vor dem Postgebäude einen Wanderer auf der Bank sitzen, zwei Rucksäcke neben sich. Na ob das die beiden Venedig-Geher sind, von denen mir die Wanderer auf der Benediktenwand erzählten, die von der Tutzinger Hütte heute früh gestartet sind?

Mir egal, ich trotte los in Richtung Gasthaus. Damit ich aus der Sonne komme, setze ich mich erst mal auf eine Bank im Schatten, nur 20m von meiner Unterkunft entfernt. Denn vor der Gaststätte steht ein Reisebus, was bedeutet, viele Mittagsgäste oder Kaffeegäste sind da. Also kommt es nicht drauf an, wenn ich hier erst noch eine Pause einlege. Nun habe ich ja alle Zeit der Welt.

Da steht plötzlich eine Frau neben mir an der riesigen Tafel von Jachenau und Umgebung. Wir grüßen uns. Spontan frage ich sie, ob sie von der Tutzinger Hütte kommen und gehe davon aus, dass der Mann auf der Bank zu ihr und sie zu dem Rucksack gehört. Sie sagt ja und ich richte ihr die Grüße von den beiden Männern aus, wie sie es mir aufgetragen hatten. Sie ist ganz schön verdutzt. Und als ich ihr dann noch sage, dass sie nach Venedig wollen und ich auch, ist sie vollkommen aus dem Häuschen. Ihr Begleiter ist nicht gut drauf und mächtig geschafft durch die Hitze. Sie wollen eigentlich noch einen Bus nehmen und nach Vorderriss fahren. Ich glaube zu erahnen, dass er das will - sie nicht. Als sie erfährt, dass ich hier übernachte und mir ein Zimmer bestellt habe, will sie mit mir im Gasthaus fragen, ob noch zwei weitere Betten frei sind. Ich frage sie, was sie für einen Wanderführer benutzen und sie sagt: drei Verschiedene. Na was ist das denn?

Wir gemeinsam zum Gasthaus und sie bekommen noch ein Zimmer, weil jemand abgesagt hat. Ich sage dem Gastwirt scherzend, dass ich das nicht war, sondern jetzt hier bin und schon ist die Stimmung gut. Ich bekomme Zimmer 4, soll ein Einzelzimmer sein und Marita gibt er die Nummer 15. Dann besinnt er sich und sagt, wir müssen umwechseln, die 15 ist das Einzelzimmer und die 4 bekommt Marita mit ihrem Wegbegleiter. Die nächste Situation zum Witzeln, weil er sich trotzdem nicht ganz sicher ist. Wir drehen mit unseren Schlüsseln ab und verabschieden uns bis später, dann zum Abendbrot im Biergarten.

Mein Zimmer finde ich im zweiten Stock, und siehe da, es ist auch ein Doppelzimmer, ländlich und urgemütlich eingerichtet. Ich packe erst mal gar nichts aus, sondern nehme Geld, Handy und Schlüssel und gehe runter, um zu fragen, ob es auch seine Richtigkeit mit dem Doppelzimmer hat. Ja, ich kann drin bleiben, alles kein Problem, sagt der Chef. Er hat nur einiges durcheinander gebracht, meint er und lacht: „Bei der Hitze gar kein Wunder! Aber zu Fuß möchte ich auch nicht grad unterwegs sein."

Ich lache nur. Was soll's? Also ab in den Biergarten, wenn ich schon mal hier unten bin. Ich suche mir ein windiges Plätzchen im Schatten, anders ist es nicht auszuhalten. Es ist 14.15 Uhr, und wenn ich überlege, war ich doch gar nicht so langsam. Gut drei Stunden mit Pausen, zwar nur bis Petern, aber trotzdem. Es kam mir halt nur so endlos lang vor, die Strecke bergab mit den Serpentinen hat einfach nur genervt.

Ich trinke ein Radler, schreibe Nachrichten und fotografiere Spatzen, die sich in meiner Nähe tummeln. Die Busreisegruppe bricht auf, Gäste kommen und gehen, so dass die Kellnerinnen nicht arbeitslos werden. Ein paar Wolken schieben sich vor die Sonne und ein Lüftchen erfrischt. Aber nicht lange, dann sind die Wolken vorübergezogen und die Sonne brennt unbarmherzig weiter.

Die beiden Wanderer lassen sich nicht blicken. Ich begebe mich um 15.00 Uhr auf mein Zimmer, lasse mich aufs Bett fallen und ruhe erst mal in der Waagerechten, döse vor mich hin, und gehe in Gedanken nochmal den Waldweg bergab. Ich versuche mir die

Schmerzen nochmal vorzustellen, aber im Nachhinein ist alles nicht mehr so schlimm.

Dann geht's unter die Dusche. Ein tolles Gefühl, mit Haarwäsche, versteht sich. Frisch gestylt erneut aufs Bett zum Ruhen. Eine halbe Stunde später nehme ich meinen „kleinen Freund", setz mich an den Tisch und los geht die Berichterstattung von heute. Ich beschließe, dass ich so gegen 18.00 Uhr runter in den Biergarten gehen werde zum Essen. Auf gut Glück versuche ich, mich ins Internet einzuloggen und siehe da, es geht, ohne Passwort. Prima, weil ich nun an zu Hause den Bericht per E-Mail senden und gleich ein paar Fotos mit anhängen kann. Natürlich führe ich auch Buch über meine Ausgaben! Mein Zimmer kostet 38,00 € und dazu kommen dann noch Essen und Trinken: einfach Wahnsinn! Ich werde wohl mit meinem veranschlagten Budget von tausend Euro nicht reichen...

Um 18.00 Uhr mache ich mich auf den Weg ins Lokal und treffe Marita und ihren Begleiter im Biergarten an. Sie begrüßen es, dass ich mich zu ihnen an den Tisch setze. Marita kommt aus Beilngries (bei Greding) und Hannes aus der Nähe vom Schliersee. Sie sitzen zwar gemütlich beisammen, aber ihre Unterhaltung ist eher schleppend, so wie ich das beobachte. Jeder blättert in einem Buch. Vielleicht ist Marita nun froh, dass noch ein Gesprächspartner zur Verfügung steht.

Hannes ist ein smarter Bursche, ich schätze 40 Jahre und er erinnert mich an jemanden zu Hause. Sie ist schlank, dunkelbraune schulterlange Haare, und wie sich im Gespräch herausstellt, ist sie Altenpflegerin, arbeitet zurzeit in einer Reha-Einrichtung, will aber irgendwann wieder in den ambulanten Dienst wechseln. Sie haben tatsächlich drei verschiedene Wanderführer dabei und suchen sich dann immer eine passende Etappe aus. Beide kennen sich, sind eher Freunde als ein Paar.

Sie bekommen ihre Schnitzel bereits kurze Zeit nach meinem Eintreffen gebracht, weil sie schon bestellt hatten, ehe ich kam. Schließlich hatten wir uns nicht fest für eine Uhrzeit verabredet und ehrlich gesagt, hatte ich angenommen, dass wir uns im Laufe des Nachmittags auf der Terrasse schon mal sehen würden.

Das Essen ist recht teuer, deswegen wähle ich mir Currywurst mit Pommes, Tagesempfehlung für heute, nur 5,90 € und gönne mir dazu mein zweites Radler. Mir schmeckt das Gewählte super und es ist vollkommen ausreichend.

Als Hannes fertig gegessen hat, bezahlt er nur für sich und verabschiedet sich aufs Zimmer. Viel geredet hat er nicht. Ist auch gut so, denn ich habe da so meine Probleme, wenn jemand mit Dialekt so schnell spricht und dann noch nuschelt. Naja, Marita sagt, er ist fix und fertig, deswegen wollten sie auch mit dem Bus weiter. Als sie mich getroffen hat, überredete sie Hannes, hier Station zu machen und sich auszuruhen, damit er morgen vielleicht besser drauf ist. Was sie morgen machen, wissen sie noch nicht. Es wird auf Hannes ankommen, sagt sie. Vielleicht bis Vorderriß, vielleicht doch bis Hinterriß, oder eine Etappe mit dem Bus, mal sehen. Nur bis Vorderriß zu laufen, wäre mir als Etappe aber zu kurz. Nun gut, sie haben beide bis Ende Juli Zeit, dann geht das natürlich, solche kurzen Etappen zu gehen. Allerdings erklärt der Rother Wanderführer, den sie übrigens als beste Lektüre empfindet, die Gesamtstrecke mit 29 Etappen, also dürften sie nicht so rumbummeln. Mir kann's ja egal sein. So wie ich sie einschätze, wollen sie sicher auch keinen Rat. Wer dreierlei Wanderführer mitschleppt, braucht niemanden zu fragen, der hat genügend Alternativen.

Marita erzählt freimütig, während sie lässig auf dem Stuhl sitzt und ihre Füße auf einen anderen Stuhl hochgelegt hat. Sie ist den Jakobsweg auch schon gelaufen und viel in den Bergen unterwegs gewesen, sagt sie. Allerdings frage ich mich dann, warum sie den Weg jetzt nicht allein geht. Sie hatte bei unserem ersten Zusammentreffen erzählt, sie sei zu unerfahren in den Bergen und geht deswegen mit einem Freund. Ich denke mir meinen Teil. Mir ist die Unterhaltung auf jeden Fall zu einseitig und manchmal auch zu schleppend, weil sie zwischendurch in ihren Büchern blättert und liest. So erfahre ich auch nicht viel über ihre bisherigen Etappen, über ihren Wanderrhythmus oder sonstige Erlebnisse auf ihrem Weg. Sie sind auch keine Frühaufsteher, sondern wandern erst nach einem ausgiebigen Frühstück los. Und das bei der Hitze. Die nächste Gesprächspause nutze ich und verabschiede mich um 20.00 Uhr mit guten Wünschen von ihr, für sie Beide versteht sich. Ich werde schon weit weg sein, wenn sie dann aufstehen. Und da es eh ungewiss ist, was sie machen werden, schätze ich, dass ich sie nicht wiedersehen werde. Sie scheinen wirklich kein Paar zu sein...

Ohne mir die Kellnerin heran zu rufen, gehe ich in die Gaststube und bezahle beim Wirt persönlich Kost und Logis, insgesamt 34,70 €. Weil ich kein Frühstück möchte, hat er mir 4,00 € abgezogen. Das finde ich fürs Frühstück sehr preiswert, aber nun hatte ich es abgesagt und bis 7.30 Uhr möchte ich ja auch nicht warten. Seine Mutter oder Schwiegermutter bemüht sich dagegen sehr um mich, möchte mir belegte Brote, Äpfel oder Banane andrehen. Da ich aber nicht weiß, was sie dann dafür berechnen würden, lasse ich es lieber. Gesamtkosten mit den zwei Radlern, Essen und Übernachtung macht 48,50 €. Ich gebe ihm 50,00€. Und ich lasse mir von ihm mein Kleingeld in Scheine wechseln, das trägt sich viel leichter.

Und nun in meinem Zimmer ist nochmal kostenloses Surfen angesagt. Susanne ist nicht am Rechner sondern ausgegangen zum Essen. Jürgen schicke ich eine Mail mit Fotos für die Homepage und mit Theresa schreibe ich ein wenig via Skype. Statt nochmal vor die Tür zum Rauchen zu gehen, schreibe ich Mails und krieche um 22.00 ins Bett.

Um Mitternacht wache ich auf, weil es regnet. Ich husche zum Fenster, um zu schauen, ob der Dachüberstand ausreicht, damit mein Zimmer bei geöffnetem Fenster nicht überschwemmt wird. Zum Glück ist es so und ich kann das Fenster auflassen. Die Erfrischung tut sicherlich nicht nur der Natur gut, denn nun wird jeder hoffen, dass es morgen nicht mehr so drückend heiß sein wird. Ich mache mir eher Sorgen deswegen. Wenn es lange regnet, ist alles aufgeweicht und matschig im Wald. Und meine nächste Etappe führt die erste Hälfte durch Wald und Flur. Erst recht unangenehm wird es, wenn man bei Regen wandern muss. Was ziehe ich nachher an? Will ich im strömenden Regen laufen oder abwarten?

Über diese Gedanken schlafe ich wieder ein.

Freitag, den 21.06.2013

Ich kann mich erinnern, dass ich mehrmals gelauscht habe, ob es noch regnet. Um 5.00 Uhr stehe ich auf. Diesmal hat mich der Wecker aus dem Schlaf gerissen. Ich ziehe das karierte Wanderhemd über die Kurzarmbluse, weil es kühl zu sein scheint. Um halb sechs bin ich abmarschbereit. Kalt ist es nicht, aber auch nicht warm, sodass ich über meine Entscheidung froh bin. Es sieht zwar albern aus mit zwei Blusen übereinander, aber was soll's. Ich fotografiere noch den Gasthof im diffusen Licht des Morgens, der weiteren Regen verspricht und dann geht's los. Oh Mann, habe ich Muskelkater von der Tour gestern.

Nicht weit von meinem Nachtquartier biegt ein Radweg nach rechts ab, den ich laut Wanderführer gehen soll. Der Weg führt an einem Bach entlang, an einem kleinen Wohngebiet vorbei und weiter auf einer kleinen Wirtschaftsstraße durch Wiesen. Immer wieder habe ich herrliche Ausblicke auf die Kirche und Häuser von Jachenau. Vor einem Bauerngehöft biegt die Straße nach rechts ab. Ein Bauer, der schon zu Gange ist, beobachtet mich, wie ich mich suchend umschaue, den Rucksack absetze, im Buch nachschlage und als ich der Straße vor seinem Grundstück nach rechts folge, deutet er mit der Hand in diese Richtung und dann nach links. Ich bedanke mich freundlich. Weil dann aber lange kein Hinweisschild zu sehen ist, ziehe ich erneut mein Buch zurate und lese: „Bei einem Rechtsknick der Straße fallen zwei schöne Bauernhäuser auf, von denen das linke einen kleinen Glockenstuhl auf dem Dach trägt. „…Vor dem Haus zweigt von dem Fahrsträßchen links ein Wirtschaftsweg in Richtung Bergwald ab,…" Ich schaue mich um. Ja, das Bauernhaus mit dem Glockenstuhl auf dem Dach liegt schon lange hinter mir, bei den nächsten Häusern in der Ferne kann ich keinen Weg nach links in Richtung Wald erkennen, nirgends hier zweigt ein Weg ab. Außerdem hatte mich der Bauer doch mit seiner Handbewegung weiter geschickt in diese Richtung? Ratlosigkeit! Ich lese den Text drei- vier Mal und kann mir keinen Reim drauf machen. Innerlich fluche ich, weil es drückend ist, ich bereits nass geschwitzt bin und der Muskelkater mich bei jedem Schritt an die noch vor mir liegenden zigtausend Schritte erinnert, die ich heute noch mit den Beinen gehen muss. Dazu die Gewissheit, dass der Kater mich auch morgen noch begleiten wird!

Ich weiß mir keinen Rat. Also gehe ich zurück. Was hatte der Mann mir da für eine Richtung gezeigt? Wollte der mich veräppeln? Vor dem Haus gibt es aber auch keinen Wirtschaftsweg, nur die Einfahrt und die geht mitten übers Gehöft. Ich gehe mit dem Buch in der Hand aufs Grundstück. Der Bauer sieht mich und kommt mir vom Stall aus entgegen. Ich lese ihm den Satz aus meinem Buch vor und er lacht. Das passiert vielen, sagt er. Deswegen hat er mir vorsichtshalber schon mal mit der Hand angedeutet, dass es noch weiter geradeaus und dann erst links geht. Ich muss wirklich bis zu den nächsten Häusern laufen. Die Hälfte der Strecke bis dorthin hatte ich schon hinter mich gebracht, bin wieder zurück und muss nun doch dorthin. Mir ist nicht zum Lachen! Schließlich haben in dieser Gegend viele Bauernhäuser Glockenstühle auf den Dächern. Ja, er stimmt mir zu, denn auch auf seinem Haus ist eine Glocke, mit der früher die Bauern aus dem Feld zum Essen gerufen wurden. Er erzählt mir auch, dass es heute Nacht ordentlich geregnet und gestürmt hat. Mag sein, ein wenig habe ich ja auch mitbekommen, merke aber an, dass man davon zumindest auf der Straße nichts mehr sieht. Er lacht und sagt: „Hat der Fön mitgenommen."

Nun gut, ich war richtig gewesen und darf wieder dorthin zurücklaufen. Insgesamt bin ich dadurch schätzungsweise einen Kilometer umsonst getappt. Und das mit den schweren Beinen!

Als ich die im Buch beschriebenen zwei Bauernhäuser erreiche, sehe ich den Glockenturm auf dem Dach, aber wie gesagt, es ist nicht der Einzige, der zu sehen ist. Hier geht tatsächlich ein Weg links ab, geradewegs auf ein Gatter zu. Dahinter geht es ab über die Wiese und geradewegs in den Wald hinauf. Es ist fürchterlich anstrengend und stickig warm. Mein Hemd ziehe ich aus, noch bevor ich den Wald erreiche und verstaue es auf dem Rucksack. Mehrmals lese ich im Buch nach, um ja nicht verkehrt zu gehen.

Der Waldweg ist sehr steil, uneben und lässt sich schlecht laufen. Immer wieder bleibe ich stehen, verschnaufe, ruhe die Beine aus, um dann weiter über die „Schotterpiste" steil hinauf zu stolpern, getreu dem Motto: Zwei vor, einen zurück! Das ist doch kein Wanderweg? Dieser Marsch im Wald hinauf gehört zweifelsohne schon jetzt zu den unangenehmsten Wanderetappen in meinem Leben, die ich geflissentlich ausblende, wenn ich wieder auf Wanderschaft will. Zum Glück gibt es nicht viele davon, sonst würde ich wohl kaum diese Freude am Wandern empfinden. Doch an diesem Morgen trifft eben zu vieles aufeinander und deswegen gönne ich mir die Meckerei. Und es ist beruhigend, dass ich allein unterwegs bin, dann kann ich meine Gefühle ausleben, egal ob Frust oder Freude. Zu allem Überfluss sind an vielen Stellen die Steine vom Laub des letzten Herbstes bedeckt, so dass es noch schwieriger wird, wenn man nicht sieht, wohin man tritt, was unter dem Laub ist. Ich komme oft ins straucheln und mache viele Stehpausen, auch um Fotos von diesem miserablen Weg zu machen. Allerdings unzufrieden stellend, weil kein Foto die Steigung wiedergibt. Selbst die hässlichen Schottersteine sehen auf den Fotos noch harmlos aus.

Irgendwann hört dann auch dieser besch... Weg auf und ich erreiche eine Hochebene. Das ist schon wesentlich angenehmer. Und hier weht auch ein kleines Lüftchen, so dass ich mit offener Bluse etwas Erfrischung spüre. Doch noch bin ich zu faul, den Rucksack abzusetzen, um zu trinken. Aber für Fotos von den Wiesen voller Wollgras bin ich nicht zu faul!

Laut einem Wegweiser werde ich ein Stück auf einem Pilgerweg gehen, der von Benediktbeuern nach St. Georgenberg führt. Sollte ich später mal nachlesen, vielleicht ein neuer Weg für mich?

Es dauert lange, bis der Abzweig kommt, wo es über die Lainer Alm nach Vorderriß gehen soll. Dann endlich sehe ich sie vor mir, malerisch gelegen, mitten auf einer riesigen umzäunten Wiese. Ein traumhafter Anblick! Ich hatte mir vorgenommen, hier Pause zu machen, zum Ausruhen jedenfalls, denn zum Essen habe ich ja nichts dabei. Von weitem sehe ich die Almleute auf der Terrasse vor der Hütte stehen. Zunächst zögere ich, ob ich dran vorbei gehe oder nicht, denn es kommt in Kürze noch die Luitpolder-Alm. Mein Wanderführer sagt nichts darüber, ob und welche dieser Almen vielleicht bewirtschaftet ist. O.k., diese ist es. Ich werde fragen, ob ich mich auf der Terrasse ausruhen darf. Der Mann geht zum Brunnen auf der Wiese und putzt sich die Zähne. Dann verschwindet er wieder in der Hütte. Während ich auf diese quer über die Wiese zuwandere, steht die Frau am Terrassengeländer und schaut mir entgegen.

Als ich in Hörweite bin, grüßt sie herzlich und auch ihr Mann kommt dazu, um mich zu begrüßen. Beide sind freundlich und hocherstaunt, mich so früh anzutreffen. Nun, wenn ich schon so nett begrüßt werde, gehe ich auch zu ihnen auf die Terrasse und setze den Rucksack ab. Auf dem Tisch steht ein kleines Sträußchen mit Wiesenblumen. Von hier aus sieht die Landschaft genauso malerisch aus, wie aus der Ferne. Es ist 7.15 Uhr, also bin ich genau in der angegebenen Zeit, plus die viertel Stunde des Verlaufens.

Ich frage nach Kaffee und sie sagt, dass sie damit gerechnet hat. Beide können nicht verstehen, dass ich, auch wenn ich so früh losgehen möchte, kein Frühstück bekommen habe und noch nüchtern unterwegs bin. Zur Entlastung sage ich, dass man mir etwas mitgegeben hätte, wenn ich denn gewollt hätte. Der Bauer verabschiedet sich, um nach seinen Kühen zu sehen.

Ich bekomme Kaffee und lasse mir eine halbe Scheibe Butterbrot schmieren, weil die Bäuerin drängt, dass ich was essen soll. Mit nur Butterbrot ist sie eigentlich nicht zufrieden, ich aber schon! Außerdem möchte ich ihr um diese frühe Morgenstunde nicht so viele Umstände machen. Sie haben selber gerade gefrühstückt, der Kaffee ist noch schön heiß.

Wir unterhalten uns, über das Wetter, den Regen, ihre Alm und vieles mehr. Sie haben ja schon so manche Venedig-Geher bewirtet, aber selten käme jemand so früh wie ich hier an. Ich zahle 3,00 € für die zwei Tassen Kaffee. Fürs Brot nimmt sie mir nichts ab. Eine angenehme halbe Stunde war das! Ich fühle mich gestärkt und wieder mit meinem Unmut versöhnt.

Ab geht es, über die Wiese, so wie sie es mir zeigte und dann den Schildern und blauen Punkten nach. Die Frau hatte mir gesagt, dass die Natur auf dem Weg zum Rißsattel einmalig ist. Und das finde ich auch! Ich bin beeindruckt und mache viele Fotos. Ein abwechslungsreicher Weg durch Wald, an der Luitpolder Alm vorbei, über Felsplatten, Wiesen und wieder durch den Wald. Der Weg über die sumpfigen Wiesen ist tatsächlich manchmal schwer zu erkennen und ich muss an sehr morastigen Stellen über Stangen und Bretter balancieren. Aber es geht. Ein Waldweg ist dermaßen tief ausgespült, richtige Rinnen drin, ob nun von letzter Nacht oder schon älteren Datums, kann ich nicht sagen, so dass ich das unbedingt im Bild festhalten möchte. Welche Kraft doch Wasser hat! An manchen Stellen wurden tiefe, einstmals morastige Rinnen mit Ästen verfestigt. Schmale Wege, breite Forststraßen, Trampelpfade oder einfach nur querfeldein auf den blauen Punkt am nächsten Baum zuhaltend, ist es wieder eine Freude für mich, zu wandern. Jede Wiese hat ihren eigenen Reiz, ihre eigenen Farben. Die Grundfarbe grün bleibt, aber manchmal überwiegen die blauen und gelben Punkte, mal sind es mehr weiße, lila oder rote Tupfen im Grün der saftigen Almen. Weiße und blau-lila Orchideen, Hornklee, Teufelskralle, Hahnenklee, Margeriten, Sumpfdotterblumen und noch viele andere Pflanzen, die ich gar nicht kenne.

Abgestorbene Bäume, riesige Fichten, kleine Ameisenhügel, Wollgrasköpfe und andere interessante Naturerscheinungen werden von mir im Bild festgehalten. Einfach grandios, dieses Teilstück. Ich fühle mich vollkommen entschädigt für den mühsamen Aufstieg.

Und dann stehe ich plötzlich auf dem sogenannten Sattel, dem höchsten Punkt für heute und schaue hinab in das Rißtal. Ich freue mich, denn nach Angaben der Almbäuerin sollten es 1,5 Stunden bis hierher sein. Es ist genau 8.40 Uhr, also habe ich eine Stunde gebraucht. War mir eh schleierhaft, wieso es 1,5 Std. sein sollen.

Ein kleiner Trampelpfad zieht meine Aufmerksamkeit auf sich. Ich möchte ja nun nicht einfach so absteigen. Schließlich muss man sich an seinem Gipfelsieg erst mal erfreuen, ehe es wieder bergab geht! 50 m vom Abstieg entfernt, der in vielen Serpentinen hinunter nach Vorderriß führt, finde ich, dem schmalen Pfad folgend, eine Bank und ein Gedenkkreuz. Na ein feines Plätzchen zum Fotografieren und Ausruhen! Ein beeindruckender Blick hinunter ins Tal, mit dem breiten, steinigen Flussbett, das sich durch das Tal zieht. Trotz den vielen Regenfällen der letzten Zeit scheint wenig Wasser drin zu fließen. Sicherlich sind diese Geröllmassen Zeichen vieler Jahre Schneeschmelze und regenreichen Zeiten. Die Bäume verwehren mir leider die ungehinderte Sicht auf dieses sagenhafte Tal, das vollkommen ausgefüllt zu sein scheint von dem Geröllbett des Rißbaches. Das graue weiträumige Flussbett steht in krassem Gegensatz zu dem dunkelgrün der Wälder ringsum. Drei Farbtöne nur, die hier dominieren: weiß das geröllgefüllte Tal, verschiedene Grüntöne links, rechts und im Vordergrund, und blau am Himmel. Schon erschreckend, wie tief ich jetzt hinunter muss, und das auf so kurzer Distanz, weil ich fast senkrecht unter mir die Straße erkenne, die nach rechts über eine Brücke führt und sich dann entlang dem markanten Flussbett weit hinauf in Richtung Horizont dahin schlängelt.

Zehn Minuten später beginne ich den Abstieg. Die vielen Serpentinen lassen sich bedeutend besser laufen, als gestern die Strecke. Denn hier sind auch mal Stufen und sie sind bei weitem nicht so steil, wie der Abstieg von der Benediktenwand. Es geht mir ganz gut so bergab, und ich fühle mich vollkommen fit. Der Aufstieg von vorhin ist vergessen, nur der Kater zwickt weiterhin in den Beinen. Ehe ich die Straße unten im Tal erreiche, muss ich erst noch austreten. Denn da ich körperlich gut drauf bin, habe ich nun nicht mehr vor, in die Gaststätte „Zur Post" in Vorderriß einzukehren.

Als ich die Straße erreiche, ist es kinderleicht, den Weg zu finden. Einfach nach links, an der Mautstelle vorbei, über den Fluss und dann nach rechts. Das Verkehrsschild sagt 10 km bis Hinterriß, mein Buch sagt 12 km. Beides ist für mich noch gut machbar!

Nun brauche ich dringend eine Verschnaufpause. In den Gasthof will ich nicht einkehren, sonst muss ich bezahlen. Wo nun hinsetzen?

Ich schlage erst mal die Richtung nach Hinterriß ein. Nach einigen Metern entscheide ich mich für einen großen Feldstein, von denen mehrere ein Grundstück begrenzen. Mir geht es einfach super! Ich schreibe SMS für alle: „Morgens 9.30 Uhr (noch) in Deutschland".

Aus meinen Vorräten krame ich einen Keks, trinke Wasser und fühle mich super. Eine halbe Stunde will ich mir an diesem gemütlichen Ort Zeit nehmen zum Kräftesammeln. Nebenbei beobachte ich vorbeifahrende Autos und genieße die Sonne, die sich immer mehr gegen die Wolken behaupten kann.

Aber mit einem Schlag ändert sich die Situation: Plötzlich sehe ich eine Zecke auf meinem linken Daumen spazieren gehen. Das schlägt dem Fass den Boden raus! Ich schubse sie weg und denke, wo eine ist, da sind noch mehr. Hastig packe ich meinen Krempel zusammen, kontrolliere meine Kleidung und sehe am rechten Hosenbein die nächste Zecke wandern. Blankes Entsetzen! Ich schüttele alles, was ich an mir habe ab und klopfe überall, wo ich hinkomme, die Klamotten ab. Das fehlte mir noch! Eigentlich sind doch Zecken hinterlistige Viecher, oder. Was gehen die hier so offensichtlich am helllichten Tag an mir spazieren? Einfach widerlich! Und somit ist meine

Pause, die mir übrigens sehr gut getan hat, um 9.50 Uhr bereits beendet. Was soll's!

Scheinbar zur Belohnung kommt immer mehr die Sonne raus und es wird wieder schön warm. Ich schreite recht gut aus und erreiche nach einer Stunde die Oswald-Hütte, die fünf Kilometer entfernt sein soll. Laut der Straßenmeisterei stimmt das auch. Alle halbe Kilometer steht ein Schild rechts am Straßenrand mit der Kilometermarkierung. In die Oswald-Hütte kann man einkehren. Ich aber nicht! Ich möchte erst die Klamm sehen, die ich auf einer Brücke überqueren soll. Ein tolles Naturschauspiel. Mit vielen Fotos im Kasten, marschiere ich weiter.

Vor der nächsten Brücke soll ich dann rechts auf einen Forstweg schwenken. Es wird immer wärmer. Und dann kommt endlich der Weg in den Wald, so denke ich zumindest. Ich biege ab in den „Forstweg", von dem ich annehme, dass er durch Wald führt. Aber die Bäume sind viel zu weit weg vom Weg, als dass sie Schatten spenden könnten. Nur vereinzelt wirft ein Baum etwas Schatten, aber weit und breit kein Stein oder Sitzgelegenheit für mich. Ich brauche dringend eine Pause!

Kein Sitzplatz weit und breit! Dann setze ich mich eben auf die Erde. Natürlich habe ich schon vorher überlegt, wie ich das am Sichersten anstelle. Denn einmal Zeckenkontakt für heute reicht mir vollkommen aus. Ich hole aus dem Bodenfach den Regenüberzieher für den Rucksack, breite ihn komplett aus, lege als Sitzpolster die in eine Tüte gewickelte Jacke drauf und schon habe ich ein halbwegs sicheres Plätzchen. Zumindest gibt's mir ein wenig Sicherheit, so dass ich wenigstens die Pause auch in Ruhe genießen kann.

Ich ziehe Schuhe und Strümpfe aus, stelle die Schuhe zum Lüften in die Sonne und hänge die Socken zum Trocknen in den Schaft der Boots. Blasen sehe ich noch nicht, aber brennen tun die Füße schon. Ich mache von 11.30 -12.00 Uhr Pause. Ich würde gerne hier sitzen bleiben, Zeit genug habe ich noch für die letzten 5-6 km, aber die Sonne hat meinen Rastplatz erreicht, so dass es höchste Zeit wird, Reißaus zu nehmen. Die Erfahrung von gestern, kurz vor der Resignation und einem Sonnenstich, steckt mir noch übel in den Knochen.

Trockene Strümpfe tun gut. Meine Füße haben sich erholt und die Pause genossen. Weiter geht es, mal bergauf, mal bergab, mal Schatten, meistens aber Sonne. Oh je, ist das warm! Den Hut lege ich mir nur auf den Kopf, weil ich meine Frisur nicht versauen will. Ein bisschen Eitelkeit gestatte ich mir eben auch auf Wanderschaft.

Die Strecke zieht sich ganz schön, aber hauptsächlich wegen der Hitze empfinde ich das wohl so. Manchmal sind ja ein paar Wolken unterwegs, meist aber dann, wenn ich ohnehin mal Schatten unter Bäumen habe. Die Schritte werden kleiner, das Tempo langsamer, die Energie geht dem Nullpunkt entgegen. Kein Lüftchen zur Erfrischung!

Dann gibt mir ein Abzweig Rätsel auf und ich hole sicherheitshalber mein Navi raus. Laut dem soll ich den oberen Weg gehen, also tue ich es. Etwas mehr schattenspendende Bäume, ja, aber stickige Luft. Allerdings warte ich vergebens auf die Kaiserhütte, die für mich die Hälfte der Strecke markieren würde. Irgendwann treffe ich auf die Landstraße, ohne die Brücke zur Kaiserhütte bemerkt zu haben. Ein Haus hatte ich linker Hand gesehen, aber keine Brücke dazu. Eine Holzbrücke hatte ich gesehen, aber da war keine Kaiserhütte mehr und erst recht kein Hinweisschild dorthin. Nun stehe ich auf der Landstraße, die gerade wieder die Flussseite wechselt und zu mir herüber kommt. Suchend schaue ich mich um. Nicht weit von mir ein Schild: „Information 500 m".

Und tatsächlich sind dort vorne Häuser. Das wird doch wohl nicht schon Hinterriß sein? Mit verhaltener Vorfreude marschiere ich darauf zu. Ja, es ist es! Wahnsinn! Ich freue mich riesig. Heißt das doch, dass ich nicht vier Stunden (von mir geplant) mit Pause hierher gebraucht habe, sondern nur 3,5 Stunden. Das bedeutet, dass ich so viel Zeit gebraucht habe, wie im Buch angegeben, nämlich 3 Stunden, plus meine halbe Stunde Pause. Was für eine Leistung! Auf meinem Navi suche ich den Gasthof Zur Post und als ihn mein Navi gefunden hat, stehe ich auch schon davor.

Na was für eine Freude! Jetzt habe ich alle Zeit der Welt!

Ich besuche zuerst das Kirchlein, das direkt am Weg und wenige Meter vor dem Gasthof steht, genieße die Ruhe und Beschaulichkeit, erfreue mich an meiner guten Verfassung und bin glücklich, hier zu sein.

Als ich nach einer zwanzig Minuten aus dem Kirchlein trete, ist völlig anderes Wetter. Es weht ein ordentlicher Wind und die Sonne ist weg. Na da schau her! Schon seltsam, was so eine knappe halbe Stunde ausmacht. Nun gut, dieser Ort mutet wirklich an, als würde er sich zwischen den Bergen zusammenducken.

Keine lange Überlegung, wie weiter, sondern ich schlage gleich die Richtung in den Biergarten ein und folge dem Hinweisschild an der Hausecke. Rucksack ab, hinsetzen, Arme verschränken, zurück lehnen, Beine ausstrecken und dem Kellner winken – wie ein cooler Typ eben! „Ein großes Radler bitte!"

Der Kellner bestätigt mir, dass meine Freundin für sich gebucht hat und ich solle mir den Schlüssel abholen. „Keine Eile" sage ich. „Die Frau Niedermaier ist eh noch nicht da. Sie kommt nämlich mit dem Auto und das kann noch dauern." Er versteht den Witz und antwortet:

„Aha und sie sind ja zu Fuß gekommen, wie immer schneller!". Wir lachen herzhaft. Prost! Als zweites gibt's die SMS zum Verteilen an Susanne. Mein Tisch steht unter einem Sonnenschirm, der bedrohlich vom Wind geschaukelt wird. Die geschützten Tische an der Hauswand sind alle besetzt.

Der Wind ist kühl, also ziehe ich mir recht schnell die Jacke über. Das Radler ist eine Wohltat. Und als ein Tisch an der Hauswand frei wird, wechsele ich dorthin. Dort ist es wesentlich angenehmer, weil es nicht mehr so zieht. An den Biergarten angrenzend ist ein kleines Tiergehege mit Ziegen, oder was das auch immer für Tiere sind. Jedenfalls macht es Spaß, sie zu beobachten, wie sie mit ihren Jungen die Felsen hinauf und hinab springen. Auch die Ausflügler, die hier einkehren, sind interessante Beobachtungsobjekte.

Um drei Uhr habe ich mein Radler geleert und zahle 4,00 €. Ich bekomme den Schlüssel, 2.Stock Nummer 21. Na die haben wirklich kein Erbarmen mit mir. In den zweiten Stock! Sie konnten ja nicht wissen, dass ich Wanderer bin, ok. Denn Angelika hat gebucht für uns beide.

Ein schönes großes Zimmer. Ich breite meine Sachen aus, dusche, wasche meine Hose und dann schreibe ich schon mal Tagebuch. Nach W-Lan habe ich auch gefragt und das Passwort zum Einloggen bekommen, aber es klappt auch nach mehrmaligen Versuchen nicht. Allerdings fallen mir dann bald die Augen zu. Ich gebe mich geschlagen und ruhe ein wenig. Ich schreibe Angelika, dass sie Wein mitbringen soll, dann brauchen wir nicht den teuren im Restaurant zu trinken. Ich denke, die Übernachtung wird teuer genug und das Essen sicherlich auch.

Um 17.30 Uhr schreibt sie, dass sie jetzt los fährt. Sie ist gar nicht weit weg, in Garmisch-Partenkirchen. Kurz vor sieben Uhr kommt sie zur Tür herein geschneit. Dass ich unterwegs so viel Gesellschaft haben würde, hätte ich mir gar nicht träumen lassen. Ja, ich wandere ja gerne allein, aber mit einem guten Freund von Zeit zu Zeit an der Seite, macht auch Spaß.

Da wir beide Hunger haben, machen wir uns gleich auf den Weg in den Biergarten. Hier sind zwei verschiedene Gruppen Radfahrer und es herrscht bereits eine gute Stimmung. Der Kellner zeigt uns die Fischteiche nebenan, weil Angelika Fisch essen möchte und ihn gefragt hat, ob die Forellen, die sie auf der Speisekarte haben, von Iglo sind. Auch wir haben unseren Spaß und der Kellner mit uns. Ich esse ein kleines Schnitzel mit Pommes, Angelika Forelle, die nicht gefischt wurde, sondern noch vom Nachmittagsfischen stammen würde, erklärt uns der Kellner auf Nachfrage. Naja, sie ist aber super lecker, sagt meine Freundin. Ich trinke ein Radler, Angelika Wein.

Dann wechseln wir ins Lokal, weil es mir zu kühl wird. Die beiden Radfahrergruppen sitzen bereits drinnen, eine Truppe bei uns im Raum, die andere im Nebenraum. Wir ratschen und so vergeht die Zeit wie im Fluge. Wir haben natürlich keinen Korkenzieher für unsere Weinflasche im Gepäck, aber Angelika organisiert beim Kellner einen. Er fragt auch, ob wir Weingläser mit hoch nehmen wollen. Er findet es schade, dass wir nur eine Flasche haben, sonst würde er mit uns kommen und Wein trinken. Angelika ist schlagfertig und sagt, wir haben zwei Flaschen, er kann dann kommen. Natürlich muss er arbeiten. Aber dafür, dass er uns Gläser und Öffner ohne Diskussionen mitgegeben hat, kann er ruhig ein Glas Wein abbekommen. Nur wird es uns zu spät werden, bis er seinen Dienst beenden kann.

Wir machen es uns im Zimmer gemütlich. Es ist schon nach zehn. Ich komprimiere nebenbei Fotos und schicke nun die E-Mail mit Fotos nach Hause. Wir unterhalten uns über den Weg von morgen, den ich ja Dank ihr nicht allein wandern werde. Für mich wird dann der nächste Tag eine Herausforderung, von der ich noch nicht weiß, ob ich sie überhaupt angehen kann, denn es liegt noch viel Schnee im Schlauchkar. So zumindest sagen es alle, die hören, wo ich hin will.

Beim Reden vergisst man die Zeit. So geht es auch uns. Um 0.30 Uhr will ich zum Abschluss eine Zigarette rauchen und Angelika kommt mit runter in den Biergarten. Sie will ihr Ladekabel aus dem Auto holen will. Wir sehen, dass die lustige Truppe Männer noch immer an ihrem Tisch im Nebenraum sitzen, als wir aus der Haustür treten und durchs Fenster sehen können. Den Kellner und einen Gast sehen wir auf der Terrasse stehen, beim Rauchen. Schon hat er uns entdeckt und sofort entsteht eine ungezwungene Unterhaltung und im lockeren Gespräch werfen wir uns gegenseitig den Ball zu, wobei jeder mal die Lacher auf seiner Seite hat, einfach lustig. Er nimmt uns mit in die Gaststube und gibt uns einen Zirbenlikör aus. Naja, schmeckt nicht schlecht. Und dann wird's interessant und gemütlich. Die Ereignisse überschlagen sich. Er heißt Gerhard und arbeitet hier schon lange. Der kleine Raucher heißt Erich und ist das „Mädchen für alles", seit mehreren Jahren. Wir geben unsere Vornamen preis und ein paar persönliche Daten mit woher und wohin. So, nun wissen wir wenigstens, woran und wer wir sind.

Doch das Geplänkel zu viert an der Theke dauert nicht lange. Im Nu sind auch die Radler mit von der Partie, tun so, als wenn sie uns schon ewig kennen würden, gesellen sich unauffällig nacheinander in die Runde, und klinken sich in die Gespräche ein. Wir sollen trinken und trinken. Natürlich haben wir die Wanderung morgen im Kopf. Angelika nimmt dann statt Schnaps lieber Wein. Mir schenkt er klaren Schnaps ins Glas und ich soll raten, was es ist. Gerhard ist erstaunt, dass ich erkenne, dass es Enzian ist, allerdings mit 52% Alkohol, wenn ich ihm glauben kann. Geraucht wird plötzlich drinnen an der Theke, so dass sich die Unterhaltung ohne Zwischenpause immer weiter entwickeln kann.

Es ist einfach nur interessant, den Männern beim Wetteifern zuzuhören, wir müssen gar nicht viel erzählen. Harry findet es bei uns toll. Sepp interessiert sich für die Venedig-Tour und warum man so was macht. Natürlich staunen sie über unsere Erzählungen und wir über ihre Radtouren. Balduin (Angelika hat ihn so getauft, weil er erst Franz und dann nein gesagt hat) zeigt uns seine Blessuren von seinen Stürzen unterwegs. Erich erzählt von seinen Aufgaben, wo er vorher gearbeitet hat und warum es ihm hier gefällt. Ich finde es schade, weil bei der Fülle an Inputs nicht viel hängen bleiben wird, auch wenn ich mich konzentriere und versuche, mir so viel wie möglich zu merken.

Im Nu ist es 2.00 Uhr und die Radler machen so einer nach dem Anderen einen Abflug. Und dann holt doch Gerhard tatsächlich noch eine Flasche Wein aus dem Kühlschrank (mit erwartungsvollen Augen), um sie mit uns zu trinken. Wie kommen wir raus aus der Nummer? Wir schließen uns dem letzten Radler an, verlassen Gute Nacht wünschend den Raum und lassen mit Sicherheit einen enttäuschten Gerhard zurück. Ja, es tut uns leid!

Wir lachen noch auf der Treppe mit Harry. Er will unbedingt noch ein Bussi von Angelika. Mit seinem trockenen Humor und angeborenen Witz hatte er uns an der Theke mehrfach zum Lachen gebracht. Er hatte gesagt, dass er trotz der späten oder frühen Stunde um 6.00 Uhr aufstehen wird, was ihm keiner glauben wollte. Doch, er hat immer pünktlich um 6.00 Uhr Stuhlgang und da wacht er immer auf, 364 Tage im Jahr. „Und wenn nicht, dann kannst du dir vorstellen, was passiert…". Er muss zum Glück noch eine Treppe höher und wir können entwischen. Und er will dann nachher kommen und klopfen, um uns zu wecken, natürlich auch um zu beweisen, dass er munter ist. Wir sagen ihm Zimmer 20.

In unserem Zimmer angekommen werten wir den unerwarteten Ausklang unseres Abends noch lachend aus. Die Gesichter möchten wir sehen, wenn Harry die Gäste in Zimmer 20 weckt. Natürlich tut uns Gerhard leid, weil wir ihm nun den gemeinsamen Weingenuss vereitelt haben.

Dann wird es aber wirklich Zeit, um schlafen zu gehen, eigentlich viel zu spät! Es ist 2.30 Uhr. Wahnsinn!

Samstag, den 22.06.2013

Ich muss um 6.15 Uhr zur Toilette, Angelika um 7.15 Uhr. Sie geht gleich unter die Dusche und ich stelle unseren Wecker aus, der um 7.30 Uhr klingeln sollte. Oh je, ich bin noch recht angetüddelt, aber was soll's? Die frische Luft und die Anstrengung wird den Alkohol austreiben. So lange Angelika im Bad ist, packe ich meinen Rucksack. Wir sind punkt acht Uhr fertig zum Frühstück und grüßen im Vorbeigehen die Radler im Nebenraum, die sich freuen, uns zu sehen. Also war wohl doch nichts mit 7.00 Uhr frühstücken.

Wir bekommen den Ecktisch zugewiesen, an dem wir gestern gesessen hatten. Wir lassen uns das Frühstück schmecken und nehmen uns Zeit dabei. Harry kommt natürlich an unseren Tisch und flappst mit einem Bier in der Hand. Und Balduin gesellt sich hinzu und staunt, dass auch wir schon auf sind. Dann kommt Kellner Gerhard wie versprochen vorbei, obwohl er erst um 10.00 Uhr beginnt. Ja, er wohnt im Haus, aber wie gesagt, er hätte ja noch nicht aufstehen müssen. Er war schon joggen, sagt er.

Dann werden wir verabschiedet, schütteln viele Hände, nehmen gute Wünsche für den Weg entgegen, zahlen 38,50€ jeder und treten vor die Tür. Und genau da fängt es an zu tröpfeln. Wir haben beide langarmig angezogen, weil wir es bei offenem Fenster schon gemerkt haben, dass es sich abgekühlt hat. Wir gehen unter die Markise und schultern nochmal ab, um vorsichtshalber die Jacken hervor zu kramen.

Es ist 9.00 Uhr, so wie ich es geplant hatte, marschieren wir los. Die Tour ist eine Genusswanderung von 4,5 Stunden, so steht es im Buch. Wenn ich dann die Pausen und Foto-Stopps dazu rechne, werden es gute sechs Stunden und wir sind rechtzeitig um 15.00 Uhr, vollkommen ausreichend, auf der Hütte. Der Weg geht wirklich auf einer Forststraße mäßig bergauf. Als ein Abzweig mit Schild nach links in den Wald auf einen Trampelpfad zeigt und zum Klammsteig und ins Johannestal führen soll, staunen wir schon. Vier Wanderer hatten uns eingeholt und sind gerade neben uns, als wir grübeln und ich im Buch nochmal nachlese. Na, so eindeutig ist es nicht. Wir fragen die Männer, die an dem Weg vorbei gelaufen sind. Sie haben eine Karte und gemeinsam schauen wir, dass wir tatsächlich den Pfad nehmen sollten. Vor allem sie, weil sie auch ins Johannestal wollen und dann weiter zur Falkenhütte. Später werden wir feststellen, dass wir jeden Weg hätten nehmen können, weil die Trampelpfade durch den Wald alle wieder auf die Straße münden.

Unser Weg scheint eine beliebte Mountainbike-Strecke zu sein. Auf diesem Pfad haben wir wunderschöne Tiefblicke in die Klamm und machen viele Fotos. Dann folgen wir wieder der Straße. Und das geht mehrmals so. Biker überholen uns und auch einige Wanderer sind unterwegs. Als ein schmaler

Pfad am Ende des Johannestales wieder links abzweigt, auf dem aber nicht mehr Karwendelhaus steht, hole ich mein Navi raus. Siehe da, wir müssen doch in den Pfad einbiegen. So weiß ich nun, wie weit es noch zum Ahornboden ist. Dort wollen wir eine Rast machen. Im Buch steht, bis dahin sind es drei Stunden, wir brauchen 15 Minuten länger. Trotzdem keine schlechte Leistung, mit Restalkohol und vielen Pausen zum Fotografieren. Einmal kam die Sonne raus, ansonsten hängen die Wolken sehr tief am Berg und eigentlich schaut es wie Regen aus. Die Temperaturen sind zum Laufen ideal und die Steigung auch, ein Spaziergang!

Der Ahornboden ist wirklich ein wunderschöner Flecken Erde. Auf einem riesigen Baumstamm unter einem Ahorn sitzen schon 5 Wanderer zur Rast. Nicht weit entfernt ein Brunnen, aus dem das Wasser plätschert. Wir füllen uns frisches Wasser in unsere Flaschen und gehen geradewegs wieder auf den Weg. Also suchen wir uns ein anderes Plätzchen. Da vor dem Pürschhaus ein Auto steht und die Haustür offen ist, gehe ich einfach in den Flur und Klopfe an der Tür. Eine hochbetagte Frau macht die Tür einen Spalt breit auf. Ich grüße nett und frage, ob wir uns draußen auf die Stufen der Terrasse setzen dürfen. Natürlich, sagt sie und ich bedanke mich. Schon haben wir einen Rastplatz und verweilen von 12.15 – 12.45Uhr.

Im Sitzen ist uns kühl geworden und so ziehen wir die Jacken wieder über. Den Wind hatten wir beim Wandern gar nicht bemerkt, weil er von hinten kommt und unsere Rucksäcke uns schützen. Wir beobachten amüsiert eine seltsam anmutende Frau, an der wir vor unserer Pause vorbei gezogen waren, als sie Pause machte und mit ihrem Messer an einem großen Stück Käse schnitzte. Sie läuft gebückt über die Wiese, pflückt etwas, steckt's in den Mund, geht weiter, bückt sich, pflückt und steckt wieder in den Mund. So streift sie scheinbar suchend links vom Weg durch die Landschaft. Wir rätseln, was das zu bedeuten hat.

Da wir uns trotz intensiver Beobachtung keinen Reim drauf machen können, schultern wir unsere Rucksäcke und ziehen los, den leicht ansteigenden Trampelpfad in dieser Waldschneise hinauf. Nach einer kleinen Weile drehen wir uns nochmal um, und siehe da, nun ist sie auch auf unserem Weg, hat aber immer suchend ihren Blick zum Boden gerichtet. Ich sage zu Angelika: „Jetzt will ich es wissen", drehe mich um, gehe einige Meter zurück, der Frau entgegen und frage sie einfach, was sie da isst. „Denn Himbeeren, Erdbeeren oder Heidelbeeren gibt es ja noch nicht und wenn doch, dann hätte ich mich auch schon gebückt."

Sie sagt, sie isst alles. Fast alles! Angelika ist neben mich getreten und wir schauen uns erstaunt an. Das wollen wir nun genau wissen und bitten sie, uns zu zeigen, was man alles essen kann. Fast alles und schon legt sie los. Der Spitzwegerich, schmeckt ein wenig bitter, der Frauenmantel ebenfalls, und man kann von ihm Blätter und Blüten essen, sollte aber immer nur frische kleine Blätter essen. Die meisten Pflanzen enthalten Bitterstoffe, die gute für den Magen und die Verdauung sind. Wir passen genau auf, stecken aber erst die Blätter in den Mund, wenn sie es auch getan hat. Vertrauen ist gut, Kontrolle ist besser. Naja, man kann tatsächlich alles kauen und wir bilden uns ein, dass es gesund ist. Dann kommt der rote Klee und der Hornklee, noch ein anderer gelber Klee, bei dem die Blüten süß schmecken sollen, wenn die Sonne scheint und sie gerade erst erblüht sind. Wir kosten einfach alles, was sie auch in den Mund steckt. Da ist noch der Storchenschnabel, der Huflattich, Löwenzahn und das tollste für uns sind die frischen, hellgrünen Spitzen der Fichten, die säuerlich schmecken. Beim Frauenmantel erklärt sie uns, dass man besonders früh morgens in der Blattmitte den Tautropfen trinken soll, da sammelt sich sehr viel Energie. Einfach grandios, diese kleine Lehrstunde. Und ich nehme mir vor, wenn ich heim komme, werde ich mir auch mal einen Kräuterkurs suchen und ein wenig mehr Natur zu mir nehmen. Ich bitte um ein Foto während der Beratung. Sie lacht und sagt: „Lieber nicht, damit sie kein Beweisfoto für die Kripo haben."

Sie erzählt uns noch, dass es hier auch den Meisterwurz gibt, den sie aber noch nicht gefunden hat. Soll eine sehr heilsame Wurzel für viele Beschwerden haben. Leider kann ich mir dazu nichts weiter merken. Sie heißt Sabine und wohnt in der Nähe vom Starnberger See. Das Wissen hat sie von einem Kräuterkurs und aus der Literatur. Wir bedanken uns ganz herzlich und verabschieden uns von ihr, denn sie will umkehren und absteigen, ihr Auto steht in Hinterriß. Wir haben noch eine ganze Weile Gesprächsstoff, als sie weg ist, genießen noch so manchen Energietrunk aus dem Frauenmantel und lachen über so manche Aussage.

Als uns eine viertel Stunde später zwei Frauen entgegenkommen und respektvoll aus der Spur treten, bleibe ich auch stehen und beschwere mich lachend, dass ich weiß, dass es höflich ist und sich am Berg so gehört, dass der Bergabgeher zur Seite tritt und den Bergaufgeher vorbei lässt. Aber wenn ich bemerke, dass jemand von oben kommt, trete ich schon vorher zur Seite. So kann ich mir eine Stehpause ergaunern, ohne dass es auffällt. Sie lachen und schon ist ein angeregtes Gespräch im Gange. Es ist einfach unheimlich interessant, mit fremden Menschen ins Gespräch zu kommen.

Dann ziehen wir weiter. Seit dem Pürschhaus hat sich der Weg verändert. Es ist ein Trampelpfad, geht wenig steil aber beständig bergauf. Schöne Bergwelt um uns, zumindest das, was wir noch sehen können. Der Nebel kommt immer tiefer und wir merken schon, dass die Haare feucht werden. Ich nehme mal mein Navi raus, weil wir an eine Weggabelung kommen, die mir nicht so eindeutig erscheint. Gleichzeitig kann ich ablesen, wie weit es noch bis zum Jochkreuz ist. Nicht mehr weit, nur noch gut 800 m.

Der Wald ist zu Ende. Wir gehen wieder auf einer breiteren Straße, fast eben dahin. Ein Auto mit vier Männern fährt vorbei und Angelika bemerkt, dass sicher jetzt manche Frau allein Schiss hätte, dass das Auto anhält. Ich nicht! Warum auch? Sie schon, gesteht sie mir.

Als wir das Jochkreuz erreichen, hat uns der Nebel voll umfangen. Wir ziehen unsere Jacken über, machen nur ein Foto und weiter geht es. Zehn Minuten später biegen wir um eine Ecke und sehen in einiger Entfernung ein Haus vor uns. Es ist der Winterraum des Karwendelhauses und ein Stück weiter begrüßt es uns mit wehenden Fahnen.

Es weht wirklich kalter Wind. Vor der Tür machen wir erst unsere Fotos und bitten einen älteren Herrn, der gerade fertig ist mit telefonieren, uns zusammen zu fotografieren. Er mault etwas, weil er mit dem zweiten Apparat auch noch ein Foto machen soll, aber nur, weil es ihm zu kalt ist hier draußen, nur im Hemd. Angelika sagt: „Weichei" und er kontert, er wolle noch nach Venedig, da kann er sich keine Erkältung leisten. Ich freue mich und sage, dass ich das auch will. „Wir können nachher noch reden.", spricht's und ist im Haus verschwunden.

Wir betreten die Hütte und begeben uns in den, gleich zur Linken liegenden Schuhraum. Es ist 14.30 Uhr, also sind wir gut gelaufen, obwohl langsam, mit vielen Fotopausen und mehreren Stopps für Gespräche. Ach tut das gut, endlich im Warmen zu sein. Mit Schlappen an den Füßen ziehen wir dann in den Gastraum. Er ist gut gefüllt und laut. Wir lassen uns gleich am linken Tisch nieder und sofort ist eine junge Kellnerin da. Wir bestellen Radler für mich und Saft für Angelika. Als die Getränke auf dem Tisch stehen, nehmen wir unsere Geldbörsen und besorgen uns eine Schlafstatt. Angelika hatte per Mail ein Zimmer für uns bestellt. Aber da nur noch im Lager was frei war, hat sie verabredet, dass wir ein Bett im Zimmer bekommen, wenn jemand absagt.

Tatsächlich haben Wanderer abgesagt und wir bekommen zwei Betten in Zimmer 17. Ich bezahle 13,00 € und meine Freundin 26,00 €. Ich finde meinen Alpenvereinshausweis nicht auf Anhieb, aber der Wirt glaubt es mir auch so. Erst, als ich alles rausnehme aus der Geldbörse, finde ich ihn dazwischen. Wir bekommen den Schlüssel, sollen uns ein Bett aussuchen, einrichten, die Tür auflassen und den Schlüssel wieder mit runter bringen. Doch ehe wir hinauf gehen, kehren wir noch kurz in die Gaststube ein.

15 Minuten später ziehen wir in den zweiten Stock. Ein Eckzimmer mit zwei Doppelstockbetten an der linken Wand und zwei Einzelbetten rechts, dazwi-

schen ein Fenster. Gut eingerichtet, viele Haken, Stuhl und Schränkchen. Wir nehmen die beiden Einzelbetten, ich das erste an der Tür. Genau in der Mitte meines Bettes verläuft über den Fußboden ein hoher Balken, über den ich gleich erstmal stolpere! Na das kann ja heiter werden.

Wir belegen unsere Betten. Ich erkläre Angelika lachend, was sie mit ihrer Bettwäsche machen soll. Sie besitzt keinen Hüttenschlafsack und so hatte ich ihr empfohlen, einen Bettbezug mit Kopfkissen einzupacken. Sie soll dann in den Bettbezug kriechen und die Decke darüber legen. Dann wechseln wir wieder ins Lokal. Es wird zunehmend stiller im Raum. Einige Bergsteiger treten den Rückweg an, andere sind schlafen gegangen. Draußen regnet es.

Am oberen Tischende sitzt ein Ehepaar, die begeistert darüber sind, dass ich nach Venedig gehe. Sie wollen dies im August mit ihren 8 und 10 Jahre alten Töchtern tun, von Innsbruck aus, wo sie wohnen. Und es entspinnt sich wieder völlig problemlos eine interessante Unterhaltung über Wandern, Urlaub und Kinder. Dann suchen wir uns was zum Essen aus, Angelika Kaiserschmarrn und ich eine gemischten Salat. Beides kommt kurz darauf. Es schmeckt super, aber mit dem Kaiserschmarrn muss ich Angelika helfen. Selbst gemeinsam müssen wir ganz schön stopfen, um ihn zu schaffen.

Das Innsbrucker Paar ist mit Fahrrädern da. Sie haben heute Zeit, weil ihre Töchter zum Schwimmwettkampf nach Wien sind. Sie verabschieden sich mit guten Wünschen für mich und meinen Weg, und Angelika für ihren Abstieg allein.

Dann geht Angelika zum Duschen und nimmt sich vorsichtshalber zwei Duschmarken. Ich fange an zu Schreiben. Als sie wieder zurück ist, hat sie Lustiges zu berichten. Genau nach dem Haare Einschäumen wurde das Wasser immer kälter und sie hatte es gerade noch geschafft, sich abzuspülen. Dann war das Wasser kalt. Beim Wirt erfährt sie nun, dass der Boiler leer ist und sie lässt sich eine Duschmarke zurückrechnen.

Im Gegensatz zu Angelika habe ich Handyempfang. Leider ist dadurch das Foto, das wir mit ihrem Handy an der Pürschalm gemacht haben, immer noch nicht an Susanne und Silke weg. Draußen vor der Tür ist ein roter Kreis, in dem steht mit roten Buchstaben „Hier Handyempfang". Lustig, nicht wahr. Aber sie hat auch da keinen Empfang. Was soll's, dann gibt's eben kein Foto, nur eine SMS von mir.

Es sind nur ein paar wenige Leute in der Gaststube. Ich höre auf zu schreiben, gebe Angelika meinen Laptop und zum Zeitvertreib kann sie sich Fotos der vergangenen Tage ansehen. Ich gehe mich waschen und umziehen. Weil es mir recht kühl ist, ziehe ich die gefütterte Hose an. Es sind noch keine weiteren Schläfer in unserem Zimmer eingetroffen.

Ich komme um 18.10 Uhr wieder in den Gastraum, der jetzt fast bis auf den letzten Platz gefüllt ist. Die meisten Gäste essen schon. Viele Mountainbiker sind hier, auch die Radlergruppe von heut Morgen, die abends in unserem Raum gesessen hatten, aber nicht die Truppe, die bis in die Nacht hinein gefeiert hatten. Die wollten ja heim. Wir schauen auf die Karte und ich entscheide mich fürs Bergsteigeressen für 8,00 € und Angelika für Spaghetti Bolognese. Bergsteigeressen ist in dieser Hütte „Hauswurst, Sauerkraut und eine Scheibe Brot". Natürlich spekuliere ich auf die Scheibe Brot, damit ich morgen was für unterwegs habe. Was Hauswurst ist, kann die Kellnerin nicht recht erklären, aber das Mädchen am Tisch erklärt es mir. Es ist sowas wie eine Mischung aus warmer Bockwurst und Knackwurst. Ich lasse mich überraschen.

Das Essen ist gut, allerdings schmeckt die Wurst wie ungewürzt und fade. Naja, mit Senf und Sauerkraut geht es. Die anderen haben alle ganze Flaschen Wein zum Essen bestellt. Das machen wir auch und lasen uns jeder die Hälfte des Preises (17,80 €) auf die Zettel schreiben, für jeden 9,00 €. Teurer Spaß, ich weiß. Aber dafür gibt's umsonst Wasser dazu, immer gleich in Krügen mit einer Holzkugel abgedeckt, auf der das Wort Zirbenkugel steht.

Es ist angenehm warm in der Stube und wir unterhalten uns abwechselnd mit den beiden Jugendlichen uns gegenüber, die uns bergauf überholt hatten und einem unverheirateten Paar, das neben uns sitzt. Jeder der Beiden hat drei Kinder. Sie wollen uns nicht glauben, dass man Kinder für die Berge begeistern kann. Uns klingt noch das Gespräch vom Nachmittag mit dem Ehepaar in den Ohren, das da ganz anderer Meinung war. So sind eben die Menschen.

Um 20.00 Uhr kommt, wie versprochen, der Hüttenwirt an jeden Tisch, erklärt das Wetter für Morgen und fragt nach der Tour, die jeder vorhat. Nichts zu machen übers Schlauchkar (2639 m), meiner nächsten Etappe, die mit neun Stunden im Buch als die längste Etappe auf der ganzen Wanderung angegeben wird. Er hat auch auf seinem Tablet ein Foto von dem Kar und erklärt, wie weit ich käme, um resigniert festzustellen, dass ich nicht weiter kann und wieder zurück muss. Naja, da bringt es mir natürlich nichts, loszulaufen. Ich soll nach Scharnitz absteigen, ein Taxi bis zur Kastenalm nehmen und von da sind es zwei Stunden zu Fuß. Jawohl, so werde ich es machen. Es soll vormittags fast überall schön mit Sonnenschein sein, sich am Nachmittag zuziehen und Regen mit Unwetter geben, Schneefallgrenze bei 1600 m. Echt bescheidene Aussichten.

„Ich muss mir das auf der Karte ansehen", sage ich zu Angelika und gehe. Im Wanderführer ist Scharnitz natürlich nicht mehr drauf und somit kann ich gar nicht einschätzen, was ich für einen Umweg machen werde. Ich bin schon geschockt und auch ein wenig wütend! Alles, was Ende Mai und die ersten Junitage als Regen vom Himmel fiel und für die vielen verheerenden Überschwemmungen gesorgt hat, kam natürlich ab einer gewissen Höhe in Form von Schnee herunter. Aber zwei Wochen brütende Hitze und der Schnee wird nicht weniger? Und wieder Neuschnee dazu? Ich weiß, dass Ende Juli und August die beste Jahreszeit für die Venedig-Tour sein soll, aber wir sind nicht mehr weit vom Juli entfernt.

Ich stehe vor der großen Karte im Flur, Angelika neben mir. Es dauert schon eine ganze Weile, bis ich den Ort Scharnitz finde und dann bin ich entsetzt, wie weit das dann nochmal von Scharnitz zum Hallerangerhaus ist. Da muss ich wirklich gucken, ob ich eine Fahrgelegenheit bis zur Kastenalm bekomme. Mit Scharnitz hätte ich die Hälfte der Etappe und dasselbe nochmal bis zum Tagesziel. Ganz schön weit auf der Karte. Ob ich das schaffe? Also: Einfach morgen früh loslaufen und schauen, was sich ergibt … Immerhin hätte der Wirt es nicht vorgeschlagen, wenn es nicht zu schaffen wäre. Per SMS informiere ich meine Familie, wie und wo es morgen weiter geht.

Als ich gegen 20.30 Uhr vor die Tür zum Rauchen gehe, zeigt sich die Sonne genau in der Senke zwischen zwei Berggipfeln. Einfach toll! Ich gebe einer Frau meine Zigarette mit der Bitte, sie mal einen Moment zu halten und sprinte rein, um Angelika raus zu holen. Mittlerweile sind dann fast alle draußen, weil es sich rumgesprochen hat. Wunderschöne Fotomotive.

Nach diesem schönen Naturschauspiel finden sich alle wieder im Lokal ein. Um 21.00 Uhr kommt ein Mann von Tisch zu Tisch und sagt, dass nachher oberhalb vom Winterlager ein Sommerwendfeuer angemacht wird. Wer Lust hat, ist herzlich eingeladen. Na das ist ja toll!

Angelika lässt sich für morgen früh ein Lunchpaket machen (8,50 €), eine Scheibe Brot mit Wurst, eine mit Käse, ein Apfel und was Süßes. Und dann wandern um halb zehn voller Erwartung hinaus ins Freie. Der Nebel ist weg und eigentlich ist es erträglich von den Temperaturen. Ungefähr 30 Leute, sitzen und stehen um das Feuer. Ein junger Mann spielt Gitarre und singt. Das Feuer knistert, die Funken tanzen zum Himmel. Mehrere fühlen sich für das Nachlegen verantwortlich, schüren das Feuer, so dass die Flammen hoch schlagen und die Umgebung in mystisches Licht taucht. Wer das Lied kennt, singt einfach mit und der Sänger bekommt jedes Mal Applaus. Eine super Stimmung! Es ist einfach nur schön und wir sind begeistert.

Dann zeigt mir Angelika die beiden Männer, die mit uns im Zimmer schlafen. Das hatte sie in Erfahrung gebracht, als sie vorhin zum Ankleiden in unserer Stube war. Wir geben uns die Hand und klären gleich die Fronten, da wir beide ja um 5.00 Uhr aufstehen wollen. Sie haben kein Problem damit, sagen sie und wir lachen zu viert über den Balken mitten in unserer Stube. Wir spekulieren, wie ein Tiefflug darüber aussehen könnte und wer wohl als Erster in meinem Bett landen wird. Die Zeit vergeht wie im Flug.

Um 22.45 Uhr stolpern wir mit Licht von Angelikas Handy über die Wiese zurück zum Haus. So spät sollte es gar nicht werden. Als wir bettfertig sind, kommen auch die Männer. Es scheinen Vater und Sohn zu sein, wir fragen aber nicht. Wir flüstern noch miteinander und reden über diesen ereignisreichen Tag, den Energietrunk aus dem Frauenmantel und Sabine, die Menschen, die bei uns am Tisch gesessen haben, die unabänderliche Änderung meiner Tour und die Sommersonnenwendfeier.

23.00 Uhr – Nachtruhe. Ein wunderschöner Tag geht zu Ende.

Sonntag, den 23.06.2013

Ich gehe um 3.15 Uhr auf Toilette und habe eigentlich ausgeschlafen. Aber wie es immer ist, schlafe ich ja doch wieder ein und bin fünf Minuten vorm Weckerklingeln wach. Ich krabbele Angelika an den Füßen. Wir richten langsam und möglichst geräuscharm unsere Betten, schnappen unsere gepackten Rucksäcke und verlassen auf Zehenspitzen unser Schlafgemach. Wir ziehen eine Etage tiefer in den Frauenwaschraum, machen uns frisch, kleiden uns an und sind um 5.30 Uhr gesattelt und gesport abmarschbereit. Schön ist, dass es vor dem Haus einen Hahn mit Trinkwasser gibt. Wir füllen noch unsere Flaschen und sind startklar. Wir drücken uns, machen noch Fotos, drücken uns nochmal und dann winken wir uns zu.

Die Sonne strahlt schon den gegenüberliegenden Berg an und taucht ihn in leicht rotes Licht. Es wird noch eine Weile dauern, ehe sie über den Gipfel schaut und auch das Karwendelhaus in der Sonne liegen wird. Also hat der Wetterbericht Recht und das ist für uns beide schön. Ich weiß, dass es Angelika nicht ganz geheuer ist, den Weg allein zu gehen, aber ich habe sie gestern an bestimmten Stellen immer aufmerksam gemacht, worauf sie beim Abstieg achten muss. Sie fand auch, dass es jetzt nicht so ein komplizierter Weg war. Nur eben ist sie noch nie allein in fremden Bergen unterwegs gewesen.

Es geht auf einem Trampelpfad für die Fußgänger recht zügig bergab. Dann muss ich die Straße nehmen. Aber auch hier gibt es noch zwei Mal Pfade zum Abkürzen von Serpentinen. Dann gibt es leider nur noch die Straße. Die ersten Biker kommen mir entgegen. Ich staune nicht schlecht, dass einige sogar Skier auf dem Rücken haben. Naja, jedem das Seine! Der Wirt hatte erzählt, dass die Skifahrer und Snowboarder immer noch zu ihm hinaufkommen, hoch ins Kar steigen, um dann die Abfahrt zu genießen. Allerdings endet die schon oberhalb vom Karwendelhaus wegen Schneemangel. Was für eine Kraxelei für so ein kurzes Vergnügen. Selbst wenn sie mit dem Bike bis zum Haus hochfahren. Da wäre ich schon das erste Mal k.o., dann noch zu Fuß weiter hinauf steigen? Das wäre mir wirklich zu viel!

Um kurz vor acht Uhr setze ich mich auf einen Stein, um nach meiner rechten dritten Zehe zu schauen, die sticht es am Zehennagel. Es ist nichts zu sehen und eigenartigerweise tut nach dieser kurzen Rast mit frischer Luft am Zeh nichts mehr weh. Weiter geht's. Die Sonne hat mich schon längst erreicht und wärmt, bis jetzt noch, angenehm meine Haut. Ich ziehe an klotzenden Kühen vorbei meines Weges.

Ich komme gut voran. Um 8.15 Uhr mache ich auf einer schönen Bank unter einer Kiefer eine halbe Stunde Rast, bestreiche mein trockenes Brot mit Marmelade und genieße das Wasser dazu. Ich weiß nicht, wie lange ich noch laufen werde, aber es sollen ja 4-4,5 Stunden bis Scharnitz sein und ich habe erst drei Stunden geschafft. Und es geht mir noch super gut!

Dann geht es weiter. Der Weg ist gut zu laufen und selten steil bergab, so dass ich keine Probleme habe. Allerdings habe ich wahnsinnigen Muskelkater an allen Ecken meiner Beine. Nur das verleidet mir den Genuss des Wanderns. Sicherlich merkt man dies hauptsächlich bergab. Ich mache mir schon Gedanken, wie ich im Ort an ein Taxi komme. Die Biker werden mehr, manche grüßen, manche schnaufen einfach nur bergauf und vergessen, zurück zu grüßen. Laut Navi sollten es von meinem Rastplatz bis Scharnitz noch 5 km sein und hoch zum Karwendelhaus zeigt mein Navi 8 km. (Ich bleibe in dem Glauben, bis mir später der Taxifahrer die tatsächlichen Kilometer sagt.)

Endlich komme ich dem Ort näher. Das letzte Wegstück hat sich ganz schön gezogen. Ein Mann mit Hund holt mich ein, als ich zum Fotografieren von Maiglöckchen stehen bleibe. Ich frage ihn, ob er aus Scharnitz ist, was er bejaht. Toll! Ich frage nach einem Taxi und er erklärt mir den Weg dorthin. Wir gehen unabhängig voneinander weiter. Doch kurz vor dem Ortseingang an der Brücke über die Isar wartet er auf mich, erklärt es mir nochmal und verabschiedet sich dann mit guten Wünschen. Prima!

Um 10.20 Uhr stehe ich vor dem Taxigebäude, klingele an der Tür und eine ältere Frau fragt nach meinem Begehr. Oh, sie kann nicht gleich zusagen, die Autos sind alle unterwegs. Sie telefoniert, während ich wartend vorm Haus auf der Bank im Sonnenschein sitze. Dann die ernüchternde Nachricht - kein Auto zur Verfügung. Aber ich soll mich dort unten, in 100 m Entfernung, an die Ecke des Parkplatzes setzen und ein Auto mit dem Namen Ramona anhalten. Das zweite Unternehmen hier am Ort. Die sind auch unterwegs, aber in ca. einer halben Stunde wird das Auto da sein. Sie hat mit ihnen telefoniert. Ich soll winken und es anhalten. Es ist ein Kleinbus und es steht groß Ramona drauf. Naja, so ganz geheuer ist mir das nicht, aber es bleibt mir wohl nichts weiter übrig.

Rucksack schultern, und los geht es. Auf dem Parkplatz, der nah an der Isar liegt, herrscht reges Treiben. Überhaupt ist hier ein Gewusel, kaum zu glauben. Autos parken, andere fahren fort, Menschen laufen umher, schieben Hänger, verladen Boote und Kanus, eilen hin und her. Ich setze mich auf den Bordstein so, dass mein Rucksack mir Schatten spendet. Der Wind ist allerdings frisch. Um 10.45 Uhr kommt eine Nachricht von Jürgen, dass ich mir ein Taxi von Scharnitz zur Kastenalm nehmen soll und auch die Telefonnummer ist dabei. Echt witzig, aber sehr aufmerksam. Ich schreibe zurück, dass ich bereits in Scharnitz sitze, kein Taxi mehr frei ist, aber dass sie am Organisieren sind. Da kommt ein Taxi von Maier und hält auf der Wiese neben mir. Ich frage den Fahrer, ob er was davon weiß, dass mich jemand vom anderen Taxiunternehmen zur Kastenalm mitnehmen soll. Er sagt ja und mir fällt ein Stein vom Herzen. Trotzdem telefoniert er deswegen nochmal. Ich soll hier warten: „Das kriegen wir schon hin. Ist halt Sonntag und schönes Wetter."

Mittlerweile türmen sich weiß-graue Wolken über den Bergen auf. Scharnitz liegt zwischen ihnen eingebettet. Es ist kurz nach 11.00 Uhr, da kommen drei „Ramona-Autos" vorbei, aber keines macht Anstalten, anzuhalten, denn sie sind voll besetzt. Mittlerweile denke ich, kann ich mir einen Reim drauf machen, was hier abgeht. Die Bootsfahrer lassen sich mit dem Auto flussaufwärts fahren und kommen dann wieder hier am Parkplatz an. Deswegen so viel Betrieb und die Taxis pendeln scheinbar.

Es ist 11.20 Uhr, als ein „Ramona"- Kleinbus, auch mit Anhänger für Kanus, auf den Parkplatz fährt, nicht weit von mir. Ich gehe hin und frage auch diesen Fahrer. Er weiß allerdings nichts von mir, telefoniert aber und dann weiß er Bescheid. Zeitgleich kommt ein junger Kanute mit freiem Oberkörper zum Auto und fragt den Fahrer, ob er zum Kanueinstiegsplatz fährt. Er habe allerdings nicht bestellt.

Es fügt sich alles gut, der Fahrer ist gerade frei und nun hat er gleich zwei Aufträge. Und auch den Männern, die zu viert sind, kommt dieses Zusammentreffen zugute, denn sie müssen weniger zahlen. Bis vier Personen zahlt jeder 10,00 €, ab fünf Personen, die es ja mit mir sind, brauchen sie nur 7,00 € zahlen. Ich muss 15,00 € zahlen, weil es bis zur Kastenalm noch ein ganzes Stück weiter ist. Das soll mir recht sein, denn ich bin wahnsinnig erleichtert, dass ich jetzt doch gefahren werde.

Aber es dauert, bis die anderen drei Männer so aus dem Knick kommen! Der junge Mann sagt spaßig mit einem Kopfnicken zu seinem älteren Kompagnon, dass es im Alter immer etwas länger dauert, bis man alles beisammen hat. Den Fahrer frage ich derweil nach den Kanuten. Die werden alle 8 km weiter (auf dem Weg zur Kastenalm) die Isar hinauf gefahren. Von dort paddeln sie dann die Isar runter mit ihren Kanus. Ich hatte beim Warten schon viele Taxis von Maier gesehen, die von hier mit Anhänger und Kanus los gefahren sind. Um 11.45 Uhr sind dann auch die älteren drei Herren soweit, dass sie ihre Kanus auf dem Hänger und ihre Utensilien im Bus verstauen können. Ich darf neben dem Fahrer sitzen, die Bootssportler sitzen hinten. Es geht los und ich bin glücklich.

Der Weg ist schmal, eher eine Forststraße als Landstraße. Staub wirbelt auf und hüllt die vielen Biker und wenigen Fußgänger in Wolken. Beeindruckende Kulisse, vor allem rechts von uns, wo die Isar sich ihr Bett in Fels und Geröll gegraben hat. Der junge Mann, der mit auf der Rückbank sitzt, ist beeindruckt davon. Scheinbar war er auch noch nicht hier. Es wäre bestimmt genussreich, hier entlang zu wandern. Leider habe ich nun keine Fotos von diesem langen Abschnitt. Aber das hätte bestimmt meine Kräfte für heute überstiegen und ob es bei dem Taxiverkehr so angenehm geworden wäre?

Nach 8 km hält der Fahrer an, packt die Kanus mit Hilfe der Männer vom Hänger, hängt den Hänger ab (es steht bereits ein herrenloser Hänger hier) und ab geht's mit mir weiter die Straße entlang, Richtung Talschluss. Viele Hobbysportler kommen an den Wochenenden hierher und lassen sich mit ihren Booten bis hierher fahren. Ansonsten sind hier weniger Wanderer unterwegs, nur so Tagesausflügler, denn die Berggeher gehen übers Schlauchkar und stoßen im Abstieg auf die Kastenalm, von der es dann wieder hinauf zum Hallerangerhaus geht. Viele Biker nutzen diese Strecke, das bestätigt er mir.

Von hier bis zum Parkplatz an der Kastenalm sind es nochmal vier Kilometer. Deswegen also 15,00 €, die ich nun auch gerechtfertigt finde. Ich mache einige Fotos aus dem fahrenden Bus raus, von denen ich mir nicht sicher bin, ob eines davon brauchbar sein wird. Der Fahrer strapaziert sein Auto ordentlich, nimmt kaum Rücksicht auf den Untergrund. Aber er ist mit mir alleine jetzt sehr gesprächig. Vom Karwendelhaus bis nach Scharnitz sind es 20 km! Ich kann es gar nicht glauben, aber er muss es ja wissen, denn sie fahren auch dort hinauf mit Gästen. Sicherlich hat mein

Navi Luftlinie gerechnet, weil ich keine Zwischenpunkte eingegeben hab. Auch er staunt nicht schlecht, als er hört, wo ich herkomme und wo ich hin will. Bis zum Hallerangerhaus ist keine Schwierigkeit mehr, sagt er. Ja, es geht bergauf, aber dafür wird man dann an der Lafatsch Alm mit traumhafter Kulisse belohnt und von dort ist es nur noch ein Spaziergang. Gut zwei Stunden, sagt er. Sein letzter Ausflug dort hinauf ist zwar schon lange Jahre her, aber das ändert ja nichts an der Tatsache der Entfernung. Dass ich nun den Umweg über Scharnitz machen musste, sei für mich eine Bereicherung, so sollte ich es einfach sehen. Und das Wetter meint es doch auch gut mit mir.

Als er mich am Parkplatz vor der Kastenalm absetzt, erklärt er mir noch, dass ich zur Alm über die Wiese gehen muss, dann wieder zurück und von hier aus nach rechts über die Brücke bergauf muss. Er wünscht mir alles Gute für meinen Weg und hofft, dass es heute die einzige Wegänderung auf meiner Tour bleiben wird.

Es ist 12.15 Uhr. Ich marschiere zur Alm und mache viele Fotos. Einfach eine wunderschöne Idylle, diese Alm vor den Bergen, die scheinbar aus Respekt zurückgetreten sind, um dieser Alm den gebührenden Platz auf der riesigen grünen Fläche zu lassen, damit sie besser zur Geltung kommen kann. Saftig grüne Wiesen, vereinzelt ein paar Bäume, stahlblauer Himmel, weiße Kumulus-Wolken, ringsum die Berge und ein erfrischendes Lüftchen – einfach grandios!

Ich gönne mir Kaffee und Kuchen, weil das das Preiswerteste mit 4,00 € ist. Ich hatte mir zunächst einen Platz im Schatten gesucht, aber der Wind ist recht frisch. Also siedele ich um in die Sonne, besuche noch die Toilette und mache mich wieder um 12.45 Uhr auf den Weg. Der Fahrer hatte gesagt, dass es 2 Stunden bis zum Hallerangerhaus sein werden und so steht es auch in meinem Buch. Nun, dann wird es bei mir etwas länger dauern. Aus meinem Buch weiß ich auch, dass es erst Mal steil bergauf geht. Und es stimmt! Aber was soll's, irgendwie muss man ja die 400 Höhenmeter überwinden. Es lässt sich trotzdem relativ gut laufen, anstrengend ja, aber da die Sonne weg ist und ein frischer Wind weht, geht es.

Den Lafatsch Niederleger erreiche ich nach einer Stunde und 5 Minuten. Ich bin erstaunt und mache zehn Minuten Trinkpause auf einer Bank am Wegesrand. Aber es ist recht kühl im Sitzen, deswegen halte ich es nicht lange aus. Denn ich habe keine Lust, noch etwas überzuziehen.

Auf zum Endspurt um 14.10 Uhr. Nun geht es auch mal eben dahin, dann wieder ein kurzes Stück steil bergauf und so weiter. Das Haus habe ich ja schon vom Niederleger aus gesehen, dann ist es verschwunden. Vor dem nächsten Anstieg teilt sich der Weg, links zur Halleranger Alm, die wesentlich gemütlicher sein soll (steht im Buch) als das Halleranger Haus, für das ich den rechten Weg einschlagen muss. Aber letzteres ist eben eine DAV-Hütte und da bezahle ich weniger als in der privaten Alm.

Der Anstieg ist nochmal recht hart. Ein Auto kommt mir in einer Engstelle von oben runter entgegen und ich steige ein paar Schritte die Wiese hinauf, um Platz zu machen. Der Fahrer sagt „Servus" aus dem geöffneten Fenster und ich grüße zurück. Dann stehe ich vor dem Haus und freue mich, dass ich tatsächlich nur zwei Stunden gebraucht habe, inklusive der Pause. Allerhand! Aber so ist es wesentlich angenehmer, wenn man sich auf mehr Zeit einstellt, als man letztendlich braucht.

Auf der Terrasse sitzen vier Männer, von denen sich drei ohne Dialekt unterhalten. Da ich nicht erkenne, ob der Hüttenwirt dabei ist, setze ich den Rucksack ab und will mich an einen anderen Tisch hier im Freien setzen. Da fragt mich ein junger Mann im karierten Hemd, ob er was für mich tun kann. Ich sage, dass ich übernachten möchte und er nimmt mich mit rein ins Haus. Ich bekomme ein Bett im „Kaiser-Hüttl". Ein Mann würde da noch ein Bett der vier vorhandenen belegen, obwohl dies noch nicht ganz sicher sei. Ist mir egal. Ich bezahle 12.00 €, stelle meinen Rucksack im Flur ab und gehe wieder hinaus auf die Terrasse. Die Männer unterhalten sich weiter und ich bekomme mein Radler. Nebenbei erfahre ich aus den Gesprächen, dass dieser junge Angestellt aus Erfurt ist und im letzten Jahr von zu Hause aus nach Verona in sechs Monaten wanderte. Alle Achtung!

Zwei Männer aus der Gruppe verabschieden sich und wollen absteigen.

Dann fragt mich der junge Mann, ob alles in Ordnung ist. Der andere hat bisher noch nichts gesagt, sondern sitzt nur stumm dabei. Ich sage, dass ich gehört habe, dass er aus Erfurt ist und ich sage, ich komme aus Mühlhausen und arbeite in Bad Langensalza. War das Eis bisher noch nicht gebrochen, so ist es spätestens jetzt. Er hat gekündigt und macht hier den Helfer. Der Wirt ist grad nicht da und ich sage, dass es bestimmt der Mann im Auto war, der mir begegnet ist. Stimmt! Wir unterhalten uns über seine Erlebnisse, den Weiterweg und wann er diesen Entschluss gefasst hat, für einen Sommer auszusteigen, vorerst mal.

Er fragt, ob es mich stört, wenn er Zerrwanst spielt. Er ist noch am Lernen und es könnte sein, dass es kein Genuss für die Ohren ist. Ich winke lachend ab und lasse ihn gewähren. Er setzt sich an den Nebentisch mit seinen Noten und los geht's. Naja, so schlecht hört es sich nun gar nicht an. Dann will ich in mein Zimmer und frage nach dem Kaisersaal. Herzhaftes Gelächter, weil es den nur in Erfurt gibt. Hier ist es das „Kaiser-Hüttl". Gut, dann nehme ich eben das Hüttl. Er begleitet mich hinauf, weil das Zimmer zugeschlossen ist.

Alles sehr schön ausgestattet. In der ersten Etage zeigt er mir Waschraum, Toilette und Dusche. Im zweiten Stock liegt mein Zimmer. Links und rechts an der Wand steht jeweils ein Doppelstockbett. Da mein Stubenkamerad noch nicht da ist, nehme ich mir das linke Bett unten, nahe am Waschbecken. Andreas weist noch darauf hin, dass auch hier das Wasser warm läuft und geht wieder nach unten. Luxus pur! Also wasche ich mich von Kopf bis Fuß, ehe der Fremde auftaucht.

Frisch gewaschen und angezogen wandere ich mit meinem Täschchen hinunter. Der Chef ist ins Tal, um das Gepäck einer Wandergruppe zu holen. Mittlerweile ist er wieder da und ich setze mich in das erste kleine Stübchen, wo auch der Hüttenwirt Thomas, Andreas und der andere Mann (Markus) sind. Es wurde gerade Feuer im Specksteinkamin angemacht. Thomas schaut nach dem Wetter für morgen. Regen, durchwachsen, kalt und Schneefallgrenze bei 1600 m. Nun gut, da ich schon von Andreas weiß, dass es morgen tatsächlich nur 5 Stunden Wegstrecke sein soll, beschließe ich schon für mich, dass ich frühstücken werde. Auf das Wetter habe ich eh keinen Einfluss.

Ich schreibe und die Männer machen sich natürlich lustig über meinen Luxus (Laptop) auf dem Berg. Was soll's, damit ist zu rechnen. Als ich ins Zimmer gehe, um meinen Notizzettel zu holen, sitzt ein Mann auf dem anderen Bett, mein Stubengenosse. Er schreibt gerade und ich muss dran denken, dass ich das sonst ja auch immer mit Blatt und Stift gemacht habe.

Als ich in die Gaststube zurückkehre, trifft die sechsköpfige Gruppe ein und bezieht kurz darauf ihre Zimmer. Mittlerweile weiß ich, dass der schweigsame Mann ein weiterer Gehilfe auf der Hütte ist, quasi Mädchen für alles. Ihn lasse ich immer auf meine Utensilien aufpassen, wenn ich den Raum verlasse. Ab und an unterhalte ich mich mal mit Andreas, mal mit Thomas. Um vier hatte sich draußen bereits alles zugezogen und ein wenig getröpfelt. Später donnert es sogar mal.

Dann ist es Essenszeit, 18.30 Uhr. Die Wandergruppe mit ihrem Führer setzt sich an den Nebentisch. Mein Zimmerkamerad trifft auch ein und setzt sich an den ersten Tisch vom Tresen aus. Das sind scheinbar alle, die heute hier übernachten. Die Berggruppe bekommt ein Menü. Ich bestelle bei Andreas Bergsteigeressen, was heute Spirelli-Nudeln mit Bolognese-Soße ist, erklärt er. „Spirelli" sagt Andreas und Thomas lacht. Dann lachen auch wir, denn Spirelli war eine Bezeichnung in der DDR, oder eben nur in Thüringen vielleicht. Und da wir ja Landsgenossen sind, verstehen wir uns.

Nach dem Essen frage ich im Vorbeigehen meinen Bettnachbarn, wann er morgen früh aufbrechen will. Er weiß es nicht, sondern entscheidet das immer ganz spontan, was für mich auf jeden Fall bedeutet, dass ich heute Abend nicht zusammen packen muss. Er heißt Florian und kommt aus der Nähe von Erding. Da ich mich wieder an meinen Tisch zum Schreiben setze, unterhalten sich Florian und Andreas über ihre Bergerfahrung, Wanderungen und die spirituellen Eindrücke von unterwegs. Florian ist in gewisser Weise auch ein Aussteiger, der viel in den Bergen unterwegs und irgendwie auch Wanderführer ist, allerdings mehr so auf spirituellen Pfaden. Die beiden liegen auf einer Wellenlänge und unterhalten sich gut. Leider kriege ich nicht alles mit, wegen der Gespräche der Wandergruppe. Der Trupp am Nachbartisch unterhält sich angeregt und wen wundert's, es sind Sachsen aus Chemnitz dabei. Manchmal habe ich das Gefühl, dass sie sich mit ihren Erzählungen über ausgeführte Bergtouren übertrumpfen wollen. Nun gut, ohne diesen Dialekt wäre es nicht ganz so anstrengend gewesen. Der Wanderführer vom DAV hat auf seiner Jacke hintendrauf stehen: „Nur wo du zu Fuß warst, warst du wirklich!" Stimmt!

Florian geht um 20.00 Uhr ins Bett. Thomas ist hinab ins Tal zur Familie nach Hause gefahren. Andreas holt noch die Wanderkarte herbei und wir schauen nach einer Alternative, wenn es nicht über die Friesenbergscharte geht, was wohl wahrscheinlich ist. Ich werde wohl absteigen und von der anderen Seite über den Berliner Höhenweg hinauf zum Friesenberghaus, oder noch weiter zur Olpererhütte oder zur Dominikushütte müssen. Da ich die Nacht im Tuxerjochhaus spare, kann ich in einer anderen übernachten und dann zur Olpererhütte wandern, so dass ich keinen Tag verliere.

Draußen sind es 8°C und es regnet langsam vor sich hin. Ich bestell mir noch ein viertel Wein und gehe um 21.00 Uhr hoch ins Zimmer. Florian sitzt zugedeckt in seinem Bett und schreibt noch. Er hatte eigentlich gar nicht vor, hier in der Hütte zu übernachten und ich sehe, dass er auch nicht für eine Hüttenübernachtung ausgerüstet ist. Er hat das rechte Doppelstockbett unten gewählt und ich habe das Linke unten.

Nun, mit meiner Hüttenerfahrung ist alles kein Problem. Ich ziehe mich im Nebenzimmer um und gehe in den Waschraum eine Etage tiefer. Als ich dann bettfertig liege, entspinnt sich ein Gespräch zwischen uns. Er erzählt, dass er heute bis an die Quelle der Isar gewandert ist und dort hat ihn die Natur zum Schreiben inspiriert. Ich finde das toll, denn ich kann ihn verstehen. Das merkt er und erzählt, dass er gerade auch noch am Schreiben war, weil es ihn nicht loslässt. Ich habe nichts dagegen, als er fragt, ob er mir das Geschriebene von seinen Gedanken an der Isarquelle vorlesen darf. („Die Quelle des Lebens" siehe Anhang)

Sehr schöne Gedanken. Und weiter geht es zu diesem Thema, von Inspiration und Empfinden in der Stille allein, und den Gedanken in und zur Natur in Verbindung zu uns Menschen. Es sind angenehme Gespräche, die wir führen. Und dann fragt er, ob er mir das im Bett geschriebene auch noch vorlesen darf. Natürlich habe ich nichts dagegen. Es ist schön, wenn man Gleichgesinnte trifft, was eigentlich nicht so oft unter Wanderern vorkommt, weil viele zusammen unterwegs sind und man selten dann mit Einzelgängern ins Gespräch kommt. Ein wunderbarer Ausklang des Tages! Wir erzählen bis Mitternacht. Draußen hören wir den Regen.

Ich warne ihn schon mal vor, dass ich nachts bestimmt mal stören werde, weil ich zur Toilette muss. Das macht ihm nichts aus, sagt er. Selbst als das Licht gelöscht ist, erzählen wir im Dunkeln noch weiter, bis wir uns dann zum gefühlten hundertsten Mal Gute Nacht wünschen.

Montag, den 24.06.2013

Nachts um 2.15 Uhr bekomme ich einen Hustenanfall, weil es fürchterlich in der Luftröhre grabbelt. Florian fragt, ob meine Schlafenszeit schon um ist. Ich muss lachen und er auch. Nein, ganz so weit ist es noch nicht. Ich geh zur Toilette und höre es noch leise regnen.

Um 5.00 Uhr sind wir beide wieder wach, reden kurz aber drehen uns wieder um zum Weiterschlafen. Ich freue mich, dass ich kein Geplätscher mehr höre, auch nicht ganz leise. Also hat es aufgehört zu regnen. Schön!

Um 6.30Uhr sind wir beide wie auf ein verabredetes Zeichen wach. Aber vielleicht kommt es mir nur so vor und Florian lag schon wach und ohne Regung in seinem Bett. Ich steige aus meinem Bett und schaue zum Fenster raus. Ich denk, ich habe eine Erscheinung! Das kann doch nicht wahr sein? Es ist doch nicht Weihnachten! Und das sage ich auch und im Nu steht auch Florian am Fenster. Uns präsentiert sich ein tief verschneiter Winterwald. Na da kann ich auch keine Regengeräusche hören! Schnee macht nun mal keinen Krach…

Um 7.00 Uhr gehen wir zum Frühstück, was wir mit Andreas abgesprochen hatten. Aber zuvor bestaunen wir erst Mal Markus und Andreas, wie sie auf der Terrasse Schnee zusammenrollen und einen Schneemann auf dem Tisch bauen. Er bekommt Kronenkorkenaugen, ein Basecap auf, eine Schnur um den Hals, und wie es sich gehört, eine Möhrennase, die Markus in der Küche stibitzt. Fertig ist das Meisterwerk, was eigentlich nicht so recht zum 24.Juni passen will. Das glaubt mir kein Mensch. Florian muss Andreas und mich zusammen mit dem kleinen Gesellen fotografieren. Das werde ich sicher der „Thüringer Allgemeinen Zeitung" bei meiner Rückkehr präsentieren, wenn sie über meine Tour berichten werden. Und siehe da, es stellt sich heraus, dass Andreas Angestellter der TA in Erfurt ist, jedenfalls noch bis zum 30.06.2013, danach beginnt seine Auszeit.

Dann wird unser Frühstück serviert, was vollkommen ausreichend ist mit drei Scheiben Brot für jeden, Butter, Marmelade, Wurst und Käse. Wir lassen es uns schmecken. Ich brauche nur eine Scheibe Brot und biete Florian noch den Rest der Brotscheiben an, der sie dankend annimmt. Er erzählt mir, dass er noch nie in einer Hütte übernachtet hat, oha, denke ich mir. Aber er hat Gefallen daran gefunden und denkt, dass er dies durchaus wieder mal bei Wanderungen tun wird.

Wir verabschieden uns voneinander, nachdem wir unsere Adressen ausgetauscht haben und er zieht seines Weges, hinab ins Tal. Auch ich mache mich abmarschbereit und verabschiede mich von den beiden Hüttenbeauftragten. Thomas, der Hüttenwirt, hat schon angerufen und sich erkundigt, wie alles läuft und wie es wettermäßig aussieht. Er hat noch zu tun und wird später hinauf kommen. Dann ziehe ich um 8.15 Uhr, gut gerüstet mit Regenhose, Stulpen, Jacke und Rucksacküberzug los. Es sind 4°C und es schneit noch immer. Andreas hat mir den Weg beschrieben und ich habe schon mal in weiser Voraussicht mein Navi in die Jackentasche gesteckt. Nun wird sich zeigen, wieviel Wasser meine Jacke aushält.

Zunächst ist der Weg noch gut erkennbar, auch als das Geröllfeld anfängt. Je höher ich komme, desto mehr Schnee wird es, verständlicherweise. Aber es wird auch zunehmend diesiger, oder nebliger, egal wie man es bezeichnen möchte. Und das ist schade. Ich kann zwar Florian noch auf seinem Talweg fotografieren, auch die Lafatscher Alm und die Hallerangeralm auf einer Lichtung unweit des Hallerangerhauses. Aber wie es dann auf den Fotos aussieht und ob man was erkennt, ist fraglich. In meinem Wanderführer steht dazu: „Hier sind die steten und gewaltigen Kräfte der Verwitterung besonders gut zu sehen: Der brüchige Kalkfels um uns herum ist zu Brocken und Geröll zerfallen, und die ausgefranste Kammlinie der Speckkar-Spitze erinnert stellenweise an riesige Orgelpfeifen." Nun, auf dem Geröll laufe ich, die Brocken erkenne ich noch, aber leider kaum etwas von der Bergwelt ringsherum. Schade!

Mir kommen die Beschreibungen von Andreas zugute, denn auf diesem Geröllfeld soll ich bei einem großen Felsblock den Hang queren, und darauf strebe ich zu. Es geht hinüber auf die andere Seite, wo ich eine Brücke am Felsen erkenne. Aber erst mal geht es, um dorthin zu gelangen, über ein steiles Schneefeld, auf dem mir noch Spuren im Altschnee den Weg zeigen. Es schneit unaufhörlich, aber es kommt mir nicht sehr kalt vor. Die Jacke hält der Kälte scheinbar sehr gut stand, dem Schnee auch.

Beeindruckend, wieviel Schnee liegt. Die Latschen tragen dicke weiße Hauben. Dank meinem Navi finde ich immer den Weg und sehe schon weiter oben ein kleines Holzkreuz, das ich um 9.15 Uhr erreiche. Weiter geht es. Und da es noch mäßig weiter auf einer Hochebene bergauf geht, weiß ich, dass ich noch nicht auf dem Lafatscher Joch sein kann. Einen kleinen See gibt es auch hier oben, allerdings im Nebel und mit teilweiser Schneehaube kaum zu erkennen, wie groß er eigentlich ist. Es lässt sich schwierig laufen, da man den ursprünglichen Weg nur erahnen, aber nicht sehen kann. Aufgeschichtete Steindauben erleichtern die grobe Orientierung, weitere Markierungen sind vom Schnee verdeckt.

Das Lafatscher Joch (2085 m) erreiche ich um 9.45 Uhr. In meinem Buch ist zu lesen: „Ein besonderer Moment auf der Wanderung über die Alpen ist immer wieder das Überschreiten eines Sattels oder eines Grateinschnitts: Dann tut sich ein Horizont voller neuer Gipfel auf." Leider kann ich auch hier nicht den Worten im Buch zustimmen, denn der Ausblick in die Höhe bleibt mir verwehrt. Nun geht es bergab und ich kann trotz mäßiger Sicht ins Tal hinab sehen. Da nun der Weg etwas besser erkennbar ist, mache ich mein Navi aus und stecke es in die Jackentasche. Auch wenn der Weg relativ gut sichtbar ist, sieht man aber natürlich nicht, was sich unter dem Schnee verbirgt und wie tief er ist. Manchmal bin ich bis über die Knöchel im Schnee verschwunden. Nur gut, dass ich die Stulpen übergezogen habe. Es ist interessant, die Blumen und Äste mit Schneehüten zu sehen und zu fotografieren.

Wie so oft in den Bergen verläuft mein Weg anders, als ich es vom Joch aus vermutet habe. Letztendlich ist es egal, weil man gehen muss, egal wo lang! Dann sehe ich von weitem einen Mann mir bergauf entgegen kommen. Als wir uns begegnen, unterhalten wir uns kurz. Über was wohl? Über den Schneefall um diese Jahreszeit! Er ist eigentlich nur unterwegs, um nochmal Schnee zu sehen. Er will bis aufs Joch hinauf und dann wieder zurück. Naja, um Schnee zu sehen, würde ich nicht unbedingt auf den Berg steigen. Aber jedem sein Hobby. Er erklärt mir auch, dass ich nicht unten im Tal lang gehen soll, um zu St. Magdalena zu kommen, sondern weiter geradeaus und dann am Berg entlang. Der Talweg sei zu aufgeweicht zum Laufen. Der Weg ist gegenüber am Berg gut zu erkennen. Und so müsste ich dann nicht wieder zu dem Gasthof hinauf steigen, der ohnehin geschlossen ist, weil man keinen Wirt findet. Ich bedanke mich für den Tipp und wir wünschen uns einen guten Weg. Es ist 10.45 Uhr.

Je tiefer ich komme, desto weniger Schnee bedeckt die Pflanzen und Bäume. Der Schnee geht in Regen über. Um 11.15 Uhr erreiche ich den Abzweig ins Tal in einer Senke. Riesige Pfützen bedecken den Weg. Es lässt sich gut vorstellen, dass der Wiesenweg im Tal hinab durch den Niederschlag grundlos ist. Ich setze meinen Rucksack an einer Bank ab, um austreten zu gehen. Dass ich gestört werde, ist bei dem Wetter nicht zu vermuten.

Und dann ziehe ich weiter den befestigten Weg am Berg entlang. Einige hundert Meter weiter habe ich eine Weggabelung vor mir. Was nun? Davon war keine Rede in den Erklärungen des „schneesüchtigen" Mannes. Also muss das Navi erneut helfen. Leider zeigen die Wegweiser nur in Richtung „Herrenhäuser" und in die Richtung, aus der ich komme. Mein Navi zeigt mir, dass der Weg geradeaus, weiter am Hang entlang, wo ich das Gasthaus vermute, irgendwo nach weiteren einigen hundert Metern als Sackgasse endet. Ich schaue auch nochmal ins Buch. Doch auch das bringt mich nicht wesentlich weiter. Ich gehe mit dem Navi in der Hand in jede Richtung, um die beiden Wege zu orten. Und immer wieder zeigt es mir den Weg am Hang entlang als Sackgasse, ein Weg, der im Nichts endet. Also schweren Herzens entscheide ich mich doch für die Richtung Herrenhäuser. Laut

Karte im Buch komme ich von dort auch hinab nach Absam.

Der Weg ist eine Fahrstraße ohne Bitumen, aber recht eben. Es geht bergab. Vor mir habe ich plötzlich linker Hand neben der Straße sowas wie Kegel, augenscheinlich von Menschen aufgeschichtet, die wie Ameisenhügel anmuten. Als ich den ersten aus der Nähe betrachte, sind sie mir noch rätselhafter. Sie bestehen aus einem Kieskegel, der rundherum mit Steinen dicht an dicht belegt ist, so dass es aussieht, als seien sie gepflastert. Hört sich blöd an, aber besser lässt es sich nicht beschreiben: gepflasterte Kegel, denen die Spitze fehlt, wie abgesägt. Bei genauer Betrachtung habe ich das Gefühl, dass es aus dem „abgesägten" Oberteil leicht qualmt oder dampft. Ich steige hinauf, um dem Geheimnis auf die Spur zu kommen. Aber auf dem Kegel stehend dampft es nicht um mich herum. Ich fasse den Kies an, aber der ist nicht wärmer als die Steine, die den Kegel begrenzen. Ich kann mir keinen Reim darauf machen. Von diesen steinernen Ameisenkegeln gibt es entlang der Straße links und rechts in regelmäßigen Abständen noch mehrere. Auch tiefer kann ich noch weitere Hügel ausmachen, denn die Straße verläuft in Serpentinen den Berghang hinab. Ja, es muss was mit dem ehemaligen Bergbau hier zu tun haben, aber erklären kann ich mir diese Hügel trotzdem nicht. Und als ich so auf dem Kegel stehe und meinen Blick schweifen lasse, zieht mich eine Bewegung auf der Straße in den

Bann. Da gehen doch tatsächlich zwei Gämsen spazieren! Ich rühre mich nicht und fotografiere sie, bis sie im Gebüsch verschwunden sind. Kaum zu glauben. Sie haben mich überhaupt nicht bemerkt.

Ich steige von meinem Aussichtsberg hinab und schlendere weiter die Straße hinunter. Und das Wort Schlendern entspricht tatsächlich meinem Schritt. Es hat aufgehört zu regnen und nur noch hier und da finden sich kleine Schneeflecken auf dem Gras. Ich habe Zeit und eigentlich kann es ja nur noch bergab gehen. Nur diese Ungewissheit, ob ich einen Umweg mache. Plötzlich steigt aus dem Gebüsch, hinter dem die Gämsen vorhin verschwunden waren, die erste Gämse wieder heraus. Und nun, noch näher als vorhin, spazieren die beiden wieder über die Straße. Kaum zu glauben! Eine bleibt stehen und äugt in meine Richtung. Aber da ich mich nicht bewege, ist sie völlig arglos. Ich bin begeistert und fasziniert! Trotzdem kommt mir noch der Gedanke, statt zu fotografieren, doch zu filmen. Warum bin ich nicht eher auf diese Idee gekommen? Sowas passiert einem nicht alle Tage, das sind tolle Erlebnisse. Zumindest bin ich in diesem Moment mit meiner Entscheidung zufrieden, die mich hier entlang geführt hat. Nun muss ich nur noch herausfinden, was das für gepflasterte Kegel sind und welchen Zweck sie erfüllt haben. Vielleicht dienten sie zur Hangsicherung? Aber warum machte man sich solch eine Arbeit?

Weiter geht es die Straße bergab. Es ist nicht sehr steil und da ich viel fotografiere, bemerke ich gar nicht, wie die Zeit vergeht. Es ist 12.15 Uhr, als ich um einen Felsvorsprung biege und plötzlich Häuser vor mir habe. An der Stützmauer finde ich ein Relief mit der Aufschrift „Absamer Salzberg – Aufgeschlagen 1272 – Geschlossen 1967". Darunter kniet ein Bergmann und schwingt die Axt, um Steine aus dem Fels in einer Höhle zu schlagen. Hinter ihm stehen eine Lore und ein weiterer Bergmann, der mit den abgehauenen Steinen die Lore belädt. Naja, dass hier ein Bergwerk war, habe ich ja schon gelesen. Echt interessant.

Ein Wegweiser zeigt mir, dass es nach St. Magdalena 20 Minuten und hinab nach Absam-Eichat 1,5 Stunden sind. Na, da habe ich ja noch was vor mir, aber daran will ich mal nicht denken, denn es scheinen hier noch gute Fotomotive auf mich zu warten. Und es spielt ja keine Rolle, wann ich in Hall ankomme. Ich habe auch nichts vorreserviert. Zur Not kann ich doch noch den Bus von Absam nach Hall nehmen.

Die Straße macht eine Linkskehre und an der Mauerecke hängt ein Schild „Winter Notlager in der Kapelle". Eine Kapelle gibt's hier auch? Und daneben ein weiteres Relief. Es stellt den „Bettelwurfgeist" dar. Ein grausiger Gesell ist dargestellt, der einen Felsblock schleppt. Er trägt nur einen Lendenschurz, Arme und Beine sind muskulös wie bei einem Bodybuilder. Sein Gesicht ist furchterregend mit wallendem

Bart, hoher, furchiger Stirn, wulstigen Lippen und weit aufgerissenen Glotzaugen. Dazu die wallenden, nach hinten flatternden Haare komplettieren das Bild eines bösen Geistes. Hinter ihm zuckt ein gelber Blitz durch einen roten Himmel. Ich muss unbedingt im Internet darüber nachlesen, wenn ich zu Hause bin. (siehe Anhang die Sage dazu)

An der nächsten Hausecke, um die ich biege, steht über einer Tür „Knappenhäusl". Das hier an der Hausecke ist der Vorraum, eine notdürftig gezimmerte Tür, unversperrt. „Getränke Selbstbedienung im Vorraum" steht auf dem Schild an der Tür. Nun, der Raum wirkt zwar düster, aber er scheint mal gemütlich eingerichtet gewesen zu sein. An zwei Seiten sind gezimmerte Bänke, ein Tisch, eine Gartenbank und Sitzauflagen. Unter dem Fensterchen stehen Kästen mit Getränken und eine Kasse des Vertrauens mit folgendem Hinweis: „Lieber Selbstbedienungsgast. Wirft a jeder ehrlich ein, soll beim Gsief koa Mangel sein. Wird i aber öfter bschi…, müsst's halt a des Bier vermissen. Siggi" Radler, Bier, Apfelschorle und Wasser stehen bereit. Eine leere Schorleflasche steht im Kasten und ein Platz im Radlerkasten ist leer. Ob die beiden bezahlt haben, kann ich nicht überprüfen. Ich habe noch was im Rucksack, habe ja nur einmal den Rucksack abgesetzt. Da noch eine bemalte Holztür von hier in einen anderen Raum führt, aber verschlossen ist, nehme ich an, dass dahinter die Kapelle ist und dies tatsächlich der Vorraum ist. Hier schlafen?

Aber nur im Notfall, denn es wäre mir dann schon etwas zu schmutzig.

Ich verriegele die Tür wieder hinter mir, gehe an dem Gebäude entlang und finde an der anderen Ecke die Kapelle. Die Gebäude hier stehen im Rechteck an drei Seiten, hinter mir die Seite ist nicht zugebaut. Der untere Teil des Hauses hat noch ein Schild „Jugendheim – Herrenhäuser", sicherlich mal ein Ferienobjekt gewesen. Die Türen und Fensterläden sind weiß, die Balken und Verzierungen auf den Türblättern sind dunkelrot gestrichen und zumindest dies macht noch einen gepflegten Eindruck. Scheint noch nicht lange verlassen zu sein. Eine Hausecke des unteren Gebäudes ist mit schwarzer Folie bespannt, die mit Latten angenagelt wurde. Keine Ahnung, vielleicht eingebrochen.

Diese Tür zur Marien-Kapelle ist besonders schön verziert, über der Tür innerhalb einer dachähnlichen Verzierung ein Relief der Muttergottes mit dem Kind. Darüber, fast unter dem Dach eine schöne Wanduhr mit gemaltem Ziffernblatt, den Worten „Glück auf" und goldenen Zeigern.

In der Kapelle ist dem Eingang gegenüber eine beschlagene Metalltür mit Verzierungen. Die Kapelle an sich wirkt sehr rustikal, wie in den Berg gehauen, obwohl sie in einem Gebäude liegt. Behauener Stein um die Fenster und an den Bankenden, abgetretene Sandsteinplatten und die spärliche Ausstattung mit vier

Bänken und einer Kniebank vor dem Altar lässt dies Kirchlein schlicht wirken. Allerdings wird das Auge schnell von vielen kleinen Schmuckstücken abgelenkt. Reliefs an den Wänden von dem Heiligen Leonhard, dem Heiligen Hubertus, der Hohen Frau von Tirol, ein Gemälde vom Heiligen Bernhard und eine Skulptur der Heiligen Barbara. Der Altar bildet den zentralen Teil und sieht eigentlich wie ein Flügelaltar aus. Tatsächlich aber hat er mittig eine Marienfigur, die den Säugling stillt. Schon eine seltsame Darstellung. Rechts und links davon Flügel angebracht, die an Fensterläden erinnern. Vielleicht ließen sie sich ja tatsächlich schließen? Beide Flügel haben jeweils drei Bilder untereinander und dazwischen steht auf dem rechten Flügel geschrieben:

> Absturz – Lahnen – Muren
> Halt Unglück ab bei Leut und Vieh
> Für deinen Schutz und
> Trost danken wir

Auf dem linken Flügel sind Muttergottesdarstellungen und dazwischen die Zeilen:

> Heilige Mutter Maria
> auf dem Berge
> um gesunde Heimkehr ins Tal
> bitten wir

Sehr schön verziert und bemalt sind diese Türen und für mich neben dem Deckengemälde der schönste

Schmuck der Kirche. An den Wänden sind noch Tafeln mit verunglückten Bergleuten angebracht. Und auf einer stehen Verunglückte jüngeren Datums, Bergunfälle, sicherlich von Ortsansässigen Bürgern. Aus der, an der Wand hängenden Chronik erfahre ich, dass die Kapelle 1722 erbaut und 1725 zu Ehren der Unbefleckten Empfängnis eingeweiht wurde. Sicherlich wurde sie vor einigen Jahren erst restauriert.

Mit vielen Fotos und seltsam berührt von diesem Ort verlasse ich das Kirchlein, schaue mich noch ein wenig in dem Gelände um, ehe ich mich dann aufmache. Mittlerweile ist der Nebel etwas aufgestiegen, so dass ich hinter den Herrenhäusern den riesigen Felsen sehe. Imposantes Bild.

Ich mache mich auf den Weg zu St. Magdalena. Der Weg führt mich durch Wald und Wiesen. An einem freien Platz mit Hinweisschild erfahre ich, dass dies der Parkplatz „Isstal" ist. Es kommen bis zur Mautstelle „Hackl" noch vier weitere Parkplätze. Allerdings stehen keine Entfernungen drauf. Ich komme an einer kleinen runden Kapelle vorbei, begegne Schwarzhalsziegen und stehe dann plötzlich vor den Gebäuden von St. Magdalena. Dies war ursprünglich ein Kloster mit einer Kirche. Bis vor ein paar Jahren wurde hier auch eine Gastwirtschaft betrieben, doch leider gibt es nichts hier für mich, noch nicht mal einen Blick in die Kirche. Und das Schlimmste aber ist für mich, dass der Waldweg hinunter nach Absam für Wanderer gesperrt ist. Ich muss die Fahrstraße nehmen, die garantiert weiter ist, als der Wanderweg durch den Wald. Aber es nutzt nichts. Wenn ich heute noch irgendwann ankommen will, muss ich wohl oder übel.

Oh je, es ist, wie ich es befürchtet habe, unwahrscheinlich steil. Das lässt sich auf dieser Teerstraße nicht gut laufen. Meine Knie und Füße tun weh. Oft mache ich kleine Standpausen gehe im Slalom von der rechten zur linken Seite, damit die Steigung nicht so stark ist. Wenn man aber denkt, es könnte nicht schlimmer kommen, dann sollte man nicht drauf wetten. Denn neben einem Hüttchen steht ein Hinweisschild: 32% Gefälle. Ich versuche, dies auf Fotos festzuhalten, aber kein Foto kann dieses Gefälle wiedergeben. Ein Bergbach wechselt mal von der linken auf die rechte Seite und wieder zurück, Seitentäler und andere Flüsse treffen dazu, Geröllhänge begleiten mich mal zur Linken, mal zur Rechten und ich bin mir fast sicher, dass darunter Eis und Schnee sind.

Der Taleinschnitt, in dem die Straße hinab führt, scheint immer enger und steiler zu werden. Der Nebel lichtet sich immer mehr und endlich kann ich auch im Tal Häuser erkennen, aber noch sehr weit weg. Und dann erkenne ich sogar an der rechten Felswand oberhalb der Straße ein Geländer und weiß, dass dies mein Wanderweg gewesen wäre. Die Wasser- und Geröllmassen neben mir werden immer mehr. Ich komme am „Jakobi-Brünnl", am „Bettelwurf-Brünnl" und an mehreren „Ladhütten" vorbei.

Das Wasser wird gezähmt und in ein Bett gezwungen, später dann verschwindet es in einem Kraftwerk. Die kleine Grenzkapelle lässt mich hoffen, dass ich nun bald meinen Abstieg geschafft habe.

Hinweistafeln und Wegweiser nehmen zu und erklären mir die Gegend. Ich befinde mich im Halltal und müsste bald in Absam ankommen. Leider steht auf dem Wegweiser keine Entfernung drauf. Als erstes treffe ich auf ein eingezäuntes Gelände, das Erlebnis-Spielplatz und Park in einem sein soll. Ich wandere daran vorbei, schaue auf Hall in einiger Entfernung und habe wahrscheinlich vor mir die Häuser von Absam. An einer Straßengabelung liegt linker Hand eine Imbisshütte. Nur ein kurzes Zögern, dann trete ich ein. Ich brauche eine Pause!

Es ist 14.30 Uhr. Der Imbiss kommt mir wie gerufen. Eine kleine Holzhütte, wahrscheinlich mal aus einem Imbisswagen entstanden und rundherum zugebaut. Ganz schön geräumig und einladend gemütlich eingerichtet. Ich lasse meinen Rucksack von den Schultern gleiten, lege meine Kappe auf den Tisch und lasse mich dann im wahrsten Sinne des Wortes auf die Bank fallen. Mein erstes Hinsetzen nach dem Start heute früh. Unterwegs hatte ich nur Standpausen zum Fotografieren und Hockpausen zum Pieseln gemacht.

Ich habe einen ausgiebigen Marsch hinter mir, mit einem enormen Umweg, der sich zumindest für Fotos und interessante Dinge gelohnt hat. Aber es geht mir, meinen Füßen und allem an mir hervorragend. Ich bin der einzige Gast. Nach einem kurzen Verschnaufen bestelle ich mir Kebab und einen Kaffee. Der Inhaber fragt natürlich, woher, wohin und staunt nicht schlecht, wo ich jetzt herkomme, vor allem mit dem Umweg über die Herrenhäuser, wenn ich doch über das Lafatscher Joch gekommen bin. Sei es drum, nun bin ich ja hier und wohlauf. Er heißt Nuri und organisiert im Handumdrehen alles für mich, nachdem er weiß, was ich vorhabe. Vielleicht sah ich auch so erbarmungswürdig aus, dass er sich dachte, er muss mich unterstützen. Während er telefoniert, esse ich, schaffe aber nur die Hälfte. Nuri bietet mir noch einen Kaffee an. Ich darf hier drin rauchen und er tut es auch.

Nuri berät mich: Wieso in Hall schlafen, da ist alles viel teurer als hier und da ich morgen nach Tulfes zur Seilbahn will, empfiehlt er mir einen Gasthof am Ende von Hall, den ich per Taxi bequem erreichen würde. Der Gasthof steht auch in meinem Buch. Er ruft dort gleich an und fragt nach einem Zimmer. Ist aber nichts mehr frei. Also ruft er hier in Absam an und recherchiert. Im Gasthof Ebner ist noch was frei und er bestellt für mich ein Zimmer. Ein Spaziergang von gut 20 Minuten, sagt Nuri. Und wenn ich mich ausgiebig ausgeruht habe, wird es wirklich nur ein Spaziergang, sagt er lachend.

Er interessiert sich einfach für alles, für die Etappen, die Hitze unterwegs, will die Schneefotos vom Joch sehen, und wie ich weiterwandern werde. Nebenbei gibt er mir einen Weißwein und ein Glas Wasser aus. Nuri ist einfach nur happy, dass er mir helfen konnte. Bis auf einen Mann, der für 15 Minuten hier war, bleibe ich die einzige Kundin für 1,5 Stunden. Für meine Picknickpause bei Nuri zahle ich 8,00 €. Er gibt mir viele Wünsche mit auf den Weg und hofft, dass ich gut ankommen werde.

Und so ausgeruht bummele ich langsam weiter in den Ort hinab. So frisch wie heute Morgen fühle ich mich natürlich nicht, aber es geht mir gut. Viele schön bemalte Häuser kann ich fotografieren. Eines trägt die Inschrift: „In diesem Hause lebte seiner Kunst JACOB STEINER, der Vater der deutschen Geige, geboren zu Absam 14.Juli 1921, hier gestorben 1683." Eine große Christophorus-Statue an einem Brunnen, bemalte Wände und schöne Türmchen lassen mich immer wieder fotografieren.

Gasthof Ebner erreiche ich Dank Nuris Beschreibung um 16.15 Uhr. Das war jetzt locker zu Fuß auch für mich noch zu erreichen. Ich klingele, weil Ruhetag ist. Die Inhaberin ist eine sehr nette Frau. Die Übernachtung im Gasthof soll 48,00 € mit Frühstück und 45,00 € ohne Frühstück kosten. Sie hatte nach Nuris Anruf gleich erst mal die Touristeninformation in Hall angerufen, ob überhaupt der Weg zur Lizumer Hütte morgen frei ist. Nichts zu machen! 20 cm Neuschnee und heute Nacht kommt noch mehr! Es ist also Unsinn, nach Tulfes zu laufen, denn die Glungezerbahn fährt noch gar nicht hinauf und über die ganzen Pässe drüber geht erst recht nicht. Also macht die Wirtin mit mir Plan B, wie ich trotzdem auf die Lizumer Hütte komme. Sie sagt, dass ich mit dem Bus oder Taxi nach Wattens fahren kann, um von da aus auf die Lizumerhütte zu laufen. Von Wattens kann ich dann ein Pendeltaxi nehmen, das bis Walchen zum Lager fährt. Dann ist es nicht mehr weit zum Laufen. Ich soll es mir überlegen. Wenn ich ein Taxi möchte, kann ich ihr das morgen früh sagen, die sind schnell da. Ansonsten schaut sie auch nach dem Busfahrplan. Und nach Hall ist es keine Stunde zu Laufen. Sie rät mir auch, zu frühstücken, weil es morgen ja nicht so eine weite Wanderung sein wird. Sie ist so liebenswürdig und will nur 45,00 € mit Frühstück.

Ein gemütliches Zimmer empfängt mich, alles chic und pieksauber. Ein Marienkäfer mit Herzlich Willkommen komplettiert das gemütliche Ambiente. Erst mal schnell duschen, ehe ich mich gemütlich niederlasse. Es ist immerhin schon 17.00 Uhr.

Internetzugang ist kein Problem. Ich schreibe mit Susanne, lade Fotos rein, schreibe mit Theresa, erkläre meinen Weg von morgen und dass sich die Etappen ändern werden. Susanne ist wie immer gut drauf, sucht die Busverbindung und alles andere aus dem Internet. Dann schreibe ich meine Tagesetappe und so vergeht die Zeit wie im Fluge. Zum Abendbrot gibt es den Rest vom Kebab. Nuri hatte es mir gut verpackt mitgegeben. Um 21.00 Uhr rufe ich mit der

5 die Chefin an, um ihr zu sagen, dass ich um 7.00 Uhr frühstücke und wir dann weiter sehen. Naja, Fotos komprimieren und übertragen, meine Erlebnisse niederschreiben, mit den Kindern skypen, so vergeht die Zeit und es wird 23.00 Uhr, ehe ich das Licht ausmache. Was für ein Tag!

Dienstag, den 25.06.2013

Mein Wecker klingelt um 6.30 Uhr und eine Stunde später bin ich am Frühstückstisch. Naja, es ist alles da, was man sich wünschen könnte, aber so viel kann ich ja immer morgens nicht essen. Und mitnehmen muss ich nichts, weil es Einkehr gibt und je nachdem, wie weit es fahrbar möglich ist, keine große Sache. Über die Berge wäre wesentlich anstrengender. Die Chefin frage ich nach der Busverbindung nach Wattens und sie sagt, dass zu jeder vollen und zur halben Stunde jeweils ein Bus fährt. Das ist natürlich wesentlich günstiger als ein Taxi. Und man kann sogar bis zur Lizumerhütte hinauffahren, sagt sie. Und da ich wohl gut zu Fuß sei, könne ich ja nach Hall laufen, gut 20 min, und von da den Bus nehmen. Sie ruft mir aber auch gerne ein Taxi. Ich entscheide mich für den Bus, doch darauf kommt sie wieder und sagt, dass ihr Mann mich zum Bus nach Hall fahren will. Na das ist ja ein super Angebot, vor allem, weil ich dann die Haltestelle nicht suchen muss. Und da es erst kurz nach halb ist, entschließe ich mich, den Bus kurz nach acht zu nehmen. Ich soll 7.50 Uhr unten vor der Tür warten. Das passt prima. Und so fährt mich der Mann bis nach Hall direkt an die Haltestelle. Zwar habe ich nun nichts von Hall gesehen, aber manchmal muss man eben Abstriche machen. Es hatte in der Nacht wieder geregnet und in höheren Lagen eben Schnee. Der Tag heute soll ab Mittag ungemütlich werden, mit leichten Regenschauern, ansonsten diesig.

Laut Busfahrplan fährt er 8.08 Uhr. Es ist die Busnummer, die mir Susanne gestern durchgegeben hat. Ich zahle 2,70 €, aber wo ich in Wattens, das drei Haltestellen hat, aussteigen soll, um der Touristeninformation am Nächsten zu sein, kann er nicht sagen. Naja, er kennt halt nur seine Straßen, die er fährt. Im Bus sitzend frage ich einen jungen Mann vor mir, ob er mir helfen kann und an welcher Haltestelle ich aussteigen soll. Dummerweise hat dieser Bus kein Display drin, welche Haltestelle als nächstes kommt und es wird auch nicht durchgesagt. Ich habe ja die Landkarte von der Wirtin dabei, allerdings sind da nur Parkplätze drauf, keine Bushaltestellen, die ich hätte abzählen können. Er sagt, ich soll Wattens/Ortsmitte aussteigen. Er will mir Bescheid sagen, wann ich dort bin.

Wir tuckern hinter einer Straßenkehrmaschine hinterher. Ich kann die Ortseingangsschilder lesen und weiß zumindest, dass wir durch Mills und Volders fahren, ehe wir Wattens erreichen. Hier sagt er mir beim zweiten Stopp, dass ich hier aussteigen soll. An der Haltestelle schaue ich mich um, sehe auch sofort das Hinweisschild zur Touristeninformation, die ich auf Anhieb finde. Dummerweise macht die erst um 9.00 Uhr auf und es ist erst 8.30 Uhr. Also warten.

Aber oftmals bekommt man Hilfe, auch wenn man gar nicht damit rechnet. Ein älterer Mann fragt, wo ich hin will und ich sage ihm mein Begehr. Er sagt mir, dass es einen Pendelverkehr nach Walchen/Lager und sogar bis hinauf zur Hütte gibt. Ich soll die nächste Straße hinauf zur Kirche gehen, Stoße auf den Gasthof „Zum Goldenen Adler" und da soll ich links schauen. Da steht eine Tafel, auf der ich schauen kann, wann was fährt. Ich bedanke mich erfreut und er sagt, na wenn ich hier erst warte, bis sie aufsperren, bin ich so schon ein Stück weiter. Da hat er Recht und ich bin erfreut über so viel Hilfe. Die Kirche „St Laurentius" ist offen, also werfe ich natürlich noch einen Blick hinein. So viel Zeit muss sein. Neben dem Adler zur Linken wird die Straße aufgerissen und beim besten Willen kann ich nirgends dort drüben eine Hinweistafel mit Fahrzeiten entdecken. Ich frage eine junge Frau mit Kinderwagen, die mich nach rechts schickt. Dort steht eine Schulklasse, und von dort würde der Bus fahren. Also rechts vom Adler. Ich mache mich auf den Weg dorthin und frage natürlich gleich die Lehrerinnen. Die wissen es aber auch nicht recht, auf jeden Fall nicht von hier. Ich solle im Tabakladen nachfragen, vor dessen Tür wir gerade stehen. Die Verkäuferin weiß es aber auch nicht genau und fragt einen alten Mann, der als Kunde im Raum ist. Der schickt mich tatsächlich wieder zurück, so wie es der erste Mann gesagt hatte. Ich solle ja nicht hochlaufen, weil die Straße eng ist, es keinen Fußweg gibt und da würde ich ständig nur den Autos ausweichen müssen. Außerdem hatscht es sich auf der Teerstraße nicht sehr gut, die ganzen zwölf Kilometer bis Walchen/Lager. Ich soll schauen, ob noch mehr hinauf wollen, dann könne man sich das

Taxigeld teilen. Danach soll ich mich links halten und den Zirmweg nehmen, dann bin ich von der Straße weg. Ich kaufe mir noch zwei Schachteln Zigaretten, die hier wesentlich preiswerter als bei uns sind (3,90 €).

Dann marschiere ich am Adler vorbei und stehe auf einem freien Platz, sehe aber kein Hinweisschild für irgendeine Fahrgelegenheit. Aber ein Busunternehmen gibt es und ich stapfe in den Laden. Man wird ja mal fragen dürfen, oder? Der junge Mann ist sofort hilfsbereit, obwohl er sich nicht auskennt, denn er ist nicht von hier. Aber er sucht im Computer, findet aber keine Buslinie. Ich sage, dass der Mann gesagt hatte Pendelverkehr mit Taxis oder Kleinbussen. Er weiß sofort Rat und ruft das ortsansässige Taxiunternehmen an und bekommt die Auskunft: Pendelverkehr hinauf ja, aber erst in der Ferienzeit, also momentan noch nicht. Walchen nur mit Taxi möglich. Der Angestellte schaut zu mir auf und fragt auch sofort, was das kostet. 32,50 € und ich nicke. Er soll es mir gleich hierher bestellen. Schon ist es gebucht. Ich sage, dass ich mir derweil eine Zigarette gönne, ehe das Auto kommt.

Gesagt, getan und er leistet mir vor der Tür nichtrauchend Gesellschaft. Wir unterhalten uns über das Lieblingsthema aller Menschen zurzeit: Wetter und Schneefall. Zwischendurch natürlich woher und wohin. Er macht mir keine großen Hoffnungen, dass ich über die Alpen komme, wenn es nicht bald wieder wärmer wird im Gebirge. Dann kommt das Taxi um 09.10 Uhr und er wünscht mir verabschiedend alles Gute.

Der Taxifahrer, ungefähr 60 Jahre, unterhält mich die ganze Zeit, fragt aber auch über das woher und wohin hinaus. Die Pendellinie fahren sie tatsächlich, aber erst in der Ferienzeit, die genau heute in zwei Wochen beginnt. Na was für ein Pech aber auch. Naja, es gibt strenge Vorschriften und ansonsten, und vor allem bei diesem Wetter, lohnt es sich auch kaum. Nur sie haben übrigens die Berechtigung, dort hinauf bis zum Lager und bis zur Hütte fahren zu können. Am Straßenrand arbeiten Soldaten und er informiert mich ausgiebig über die Gepflogenheiten und den Fleiß der Soldaten, die beim Fußtrupp sind. Diese hier müssen den Schlamm und alles Angeschwemmte aus den Abflussrinnen beseitigen. Dass die Meisten das nicht mit Begeisterung tun, ist ihnen anzumerken und er lässt sich darüber aus, wer sich so bei dem Militär abduckt. Übrigens ist das hier ein ganz bekannter Übungsplatz, wo auch „unsere" Truppen üben, ehe sie nach Afghanistan zum Einsatz gehen. Und er meint, ich solle gut überlegen, was ich für Touren mache, notfalls abbrechen und später wiederkommen. Na, der hat Humor! Das Walchen/Lager ist kein Ort, sondern der Militärstandort und man befindet sich von da an im Militärsperrgebiet.

Die Straße ist kurvenreich und eng. Da hätte ich mich wirklich dauernd an den Straßenrand quetschen müssen. Auch der Taxifahrer sagt, dass dies recht lebensgefährlich sei, die Strecke auf der Straße zu laufen. In Walchen Lager angekommen, befindet sich am linken Fahrbahnrand eine riesige Tafel. Er erklärt mir, dass dies das ganze Militärübungsgebiet sei und dass man sich hier informieren muss, welche Wege gerade wegen Übungen gesperrt sind. Die Tafel sieht aus, wie die in Skigebieten mit den dazugehörigen Liften. Zwei der sechs untereinander angebrachten Lampen blinken. Das bedeutet, dass diese Gebiete gerade gesperrt sind. Er fährt links davor und sagt, dass Walchen Nord, da wo es blinkt, eigentlich der Zirmweg ist. Er fährt an die Schranke, die beide Fahrbahnseiten sperrt. Der Soldat bekommt aber gerade ein Telefonat und so warten wir. Er sei verpflichtet, seine Kundschaft über die Übungen aufzuklären und ihnen Ausweichwege zu empfehlen, so sagt er. So lange wir warten, nutzt er die Zeit, zu kassieren. Es sind wirklich 12 km und er will 32,00 € dafür. Nun gut, dafür wollte ich nicht gelaufen sein. Er gibt mir ein Streichholzpäckchen, mit den Pendelfahrzeiten und die Streichhölzer könne ich sicher mal gebrauchen.

Dann kommt der Soldat zu uns ans Auto und mein Chauffeur stellt seine Frage. Theoretisch ist Nord der Zirmweg, gibt der Soldat zu. Aber er fragt lieber nochmal nach. Ja, der Zirmweg ist noch gesperrt wegen Schießübungen, aber die Fahrstraße ist frei. Die dürfe ich gehen. Naja, mir ist es egal, auf jeden Fall kann ich mich da nicht verlaufen und Hauptsache, ich Komme an der Lizumerhütte an.

Mein Taxi wendet und parkt rechts an der Straße. Bis hinauf sind es genau 6,9 km sagt er und er wisse es genau, weil er ja oft hinauf fahre. Kurzer Gruß und dann bin ich allein. Hinter dem Postenhäuschen sattele ich meinen Rucksack. Ich weiß, dass man nicht fotografieren und keinen Schritt vom Weg abgehen darf. Viele Schilder machen darauf aufmerksam. Der Zirmweg geht vor der Brücke links ab, das hatte mir der Taxifahrer gesagt und dass er mit Sicherheit sehr aufgeweicht sein würde. Gut, es bleibt mir ja erspart.

Natürlich hatte mich der nette Fahrer auch darüber aufgeklärt, dass man militärische Objekte nicht fotografieren darf. Vor allem dürfe man den Fotoapparat nicht zur Schau tragen, sagt er lachend, was ich ja nicht tue, weil er in meiner Hosentasche verschwindet.

Es ist 9.30 Uhr als ich meinen Gewaltmarsch durchs Sperrgebiet beginne. Gewaltmarsch, weil gleich ab hier ein Hinweisschild steht, dass es 30% Steigung sind. Nun gut, auf der Straße bleibt man sauberer und es lässt sich auch gar nicht so schlecht laufen, wenn man immer mal den Straßenrand nimmt. Aber ein wenig unheimlich ist es schon, so als Frau allein hier in so einem Sperrbezirk. Ich lasse es langsam angehen. Es ist recht steil, durchgängig. Als ich um eine Kurve komme, habe ich Soldaten in einiger Entfernung vor mir. Kurz drauf erkenne ich, was ihre Aufgabe ist. Sie müssen die Ablaufrinnen, die über die Straßen führen, säubern, wie die unten an der Straße auch. Ich überhole sie einzeln und grüße. Sie grüßen zurück.

Es regnet fast durchgängig, mal weniger, mal mehr. Und dann fängt auf den Wiesen der Schnee an. Es kommt ein roter Jeep bergab und hält neben mir, ungefähr 10.15 Uhr. Ich kann mir denken, dass es der Hüttenwirt ist. Er fragt mich, wo ich das schöne Wetter gelassen habe und ich antworte, dass ich gehofft habe, dass ich es bei ihm auf dem Berg finde. Ich soll schon mal hinauf gehen, er kommt später wieder. Ich könne ja so lange Schneebälle machen, sagt er und lacht. Weiter geht's. Ich mache natürlich ein paar Fotos, denn schließlich bin ich hier lang gelaufen und der Tag sollte nicht fehlen. So langsam wie ich gehe, schätze ich mit 2,5 Stunden Gehzeit. Militärfahrzeuge jeglicher Art fahren hoch und runter.

Um 10.30 Uhr mache ich in einer Kurve bei einem riesigen Kruzifix eine kurze Stehpause, setze meinen Rucksack ab, ziehe mein langarmiges Hemd aus und trinke etwas. Und ich setze mich an den Straßenrand zum Pieseln. Ich habe Glück und es kommt grade kein Auto. Der Regen geht nun in Schnee über. Der Straßenbelag wechselt mehrmals von festgestampfter Fahrbahn über groben frischen Teer bis hin zur feinen Teerdecke. Es geht auch mal ein wenig eben hin, um dann wieder gut anzusteigen. Aber es lässt sich trotzdem sehr gut laufen.

Es ist alles so ruhig und friedlich, vom Schießen höre ich auf jeden Fall nichts. Es schneit ganz leicht und mittlerweile sind auch die Wiesen in dieser Höhe weiß. Dann sehe ich in weiter Entfernung einen Betonbau, von dem ich nicht annehme, dass es die Hütte ist. Erstens ist es zeitmäßig noch gar nicht so weit und zweitens ist keine Fahne zu sehen und wegen der Bauweise mit dem geneigten Schrägdach glaube ich das auch nicht. Mal sehen.

Nach der nächsten Kurve steht rechts auf einem kleinen Hügel ein Bildstock mit einem Marienbild. Und tatsächlich! Als ich auf der Höhe des Hauses bin, das allerdings noch etwas höher liegt, erkenne ich, dass es ein Armeegebäude ist. Zusätzlich weist auch noch ein Schild darauf hin, dass das Betreten des Geländes verboten ist. Eine Kurve weiter zeigen sich die Tuxer Alpen gerade mit ihrer Schneepracht und es eröffnet sich ein wunderschöner Blick in Richtung Talschluss. Viele Gebäude stehen da, große, kleine und in unterschiedlicher Anordnung. Als Abschluss thront am entferntesten Ende auf einem Hügel ein Haus, das ich als Lizumerhütte vermute. Alles ist schneebedeckt. Die gute Sicht hält nicht lange an, dann wird es wieder diesig.

Links von mir, zwischen zwei riesigen Felsblöcken ist ein recht neues Kreuz errichtet, das selbst auch noch auf einem Berghügel steht. Davor ein steinerner Tisch. Am rechten Felsen sind Gedenkplatten für Kameraden angebracht. Ich fotografiere dieses Ensemble und dann stibitze ich um die Ecke und fotografiere das Gelände samt Hütte. Ob man das später gut erkennen kann, weiß ich nicht, denn es ist Nebel, mal mehr, mal weniger.

Dann marschiere ich weiter, geradewegs auf die Häuseransammlung zu. Je näher ich komme, desto mehr bestätigt sich mein Verdacht, dass es Militärgebäude sind. Es ist die Militärschule sagt mir der Blick auf meine Karte. Vor dem Gelände weist ein Hinweisschild die Wanderer nach rechts zur Lizumerhütte in 10 Minuten, um das Gelände herum. Dann schwenkt die Straße wieder nach links, obwohl da auch noch Häuser stehen. Eine Almkäserei taucht vor mir auf, sagt jedenfalls das Schild am Haus. Ich hätte gerne angehalten und mir eine Brotzeit mit Käse gegönnt, aber es sieht nicht so aus, als wenn ich hier was kriege. Irgendwie kein Laden oder Eingang auszumachen, sondern drei Arbeiter bauen an dem Haus, entweder an, um das Gebäude zu vergrößern oder um eine Terrasse anzubauen. Nun gut, es sind ja noch keine Ferien und das Wetter verspricht auch nicht gerade den Besucheransturm.

Ich ziehe vorbei und erreiche nach einem kurzen Anstieg die Hütte (2019 m) über ein kleines Brückchen, auf dem die Fahrspuren vom Jeep noch im Schnee deutliche Abdrücke hinterlassen haben. Ich fotografiere die Schneehöhe, die Hütte und den dazugehörigen Teich. Es schneit und regnet in einem. Aber ganz oben scheint die Sonne. Wenn es der Nebel zulässt, kann man sie sehen und sich an ihrem Anblick als Trost erfreuen.

Ich öffne die Tür und bleibe wie angewurzelt stehen. Ein riesiger Hund klotz mich an und steht so, dass ich auch nicht rein kann, selbst wenn ich mich an ihm vorbei trauen würde. Ich mache die Tür einfach wieder zu, setze den Rucksack ab und rauche erst Mal eine, um zu überlegen. Vielleicht kommt ja auch jemand und guckt. Aber nichts tut sich, kein Bellen, keine Stimmen, keiner nähert sich der Tür. Dann nehme ich mir ein Herz und starte einen zweiten Versuch. Diesmal bellt der Hund von drinnen schon, als ich nur die Klinke berühre. Aber ich höre auch, dass jemand dabei ist und ihn beruhigen will. Also trete ich ein und tatsächlich ist dort eine Frau, die ihn am Halsband hat und krampfhaft versucht, ihn zunächst zurück zu halten, bis er sich etwas beruhigt hat. Er beschnuppert mich von allen Seiten und sieht echt bedrohlich aus. Dann trottet er/sie von dannen und ich trete in die Gaststube.

Später erfahre ich vom Wirt Anton, dass es eine Bordeaux Dogge ist, die zur Bärenjagd gezüchtet wurde. Sie ist drei Jahre. Er hat sie sogar aus Thüringen geholt, in der Nähe von Erfurt. Man kann immer nur wieder sagen: So klein ist die Welt. Er konnte mir allerdings das kleine Kaff, ein paar Kilometer von

Erfurt entfernt, nicht mehr sagen. Naja, drei Jahre sind ja auch eine lange Zeit!

Ich bin der einzige Gast, fast wie erwartet. Sofort werde ich gefragt, was ich trinken möchte. Ich lehne erst Mal ab, sondern möchte was essen. Die Angestellte bringt mir die Karte und ich lasse mir Zeit. Derweil werde ich gefragt, ob ich übernachten will, Lager oder Bett. Ich nehme ein Bett im Mehrbettzimmer für 16,00 €. Ich entscheide mich für eine Nudelsuppe und ein Radler.

Die drei Bauarbeiter von der Almkäserei kommen zum Essen. Sie bekommen einen Enzian nach dem Essen. Ich auch. Lecker! Dann will sie mir das Zimmer zeigen. Ich ziehe nur die Schuhe aus, lasse sie und alle Klamotten am Tisch stehen und folge ihr hinauf in den 2. Stock. Zwei Doppelstockbetten stehen an der Wand. Es gibt auch hier ein Waschbecken im Zimmer. Ich nehme gleich das erste Bett an der Tür, dann muss ich nicht so weit, wenn ich zur Toilette will. Ich decke das Bett auf, lege mein Hemd drauf, hänge die Jacke zum Trocknen auf einen Bügel und gehe wieder hinunter.

Ich beginne zu schreiben und bleibe lange Zeit die Einzige. Dann kommt ein Pärchen mit einem noch größeren Hund, der allerdings fix und fertig ist und sich nur noch in die Stube fläzt. Sie haben ihr Auto am Lager abgestellt und sind den Zirmweg hochgelaufen, ohne mitbekommen zu haben, dass er gesperrt ist. Aber er war sehr nass und viel Wasser floss vom Berg hinab, über das sie teilweise waghalsig balancieren mussten. Dass es nicht immer geklappt hat, sieht man an ihren Schuhen und Hosenbeinen.

Mir fallen die Augen zu. So packe ich ein und lege mich um 15.30 Uhr für eine Stunde ins Bett. Das Pärchen ist mittlerweile gegangen, dafür der Hüttenwirt wieder da. Ich setze mich in die Ecke und schreibe weiter. Der Wirt fragt, wo ich hin will, obwohl es ihm klar ist, denn der Weg übers Torjoch ist der einzige, der begehbar ist, natürlich mit Gefahr wegen dem Schnee. Er macht mir gehörig Angst, weil ich allein gehen will. Aber er sagt, vielleicht kommen noch zwei Wanderer, den vier waren angemeldet und nur zwei haben abgesagt.

Stattdessen kommen drei Soldaten, die essen und trinken und zwei Stunden später wieder gehen. Ich bleibe der einzige Gast. Ich trinke einen Kaffee, immer die Kosten im Kopf. Wird ein teurer Tag werden. Die Chefin, eine Asiatin, erstaunlich groß für ihre Rasse, kommt, um mir zu erklären, dass es Halbpension gibt mit großem Menü am Abend. Sie spricht englisch und macht intensiv Werbung für ihr mehrgängiges Menü, mit Schweinefleisch oder Huhn. Ich nehme Huhn und sie freut sich, dass sie mich bewirten darf.

Das Abendbrot dauert zwei Stunden. Es gibt als Vorspeise kalte Hühnchenscheiben mit Sprossen,

Ketchup und ein kleines Brötchen, danach Pfannkuchensuppe, bei der die Grundsubstanz die gleiche Brühe ist wie die Nudelsuppe heut Mittag. Als Hauptgericht ist Hähnchensteak mit Paprika, Soße und Reis, Salatmischung dazu und als Nachspeise ein Stück Kuchen mit Sahne. Das ganze Menü kann sich durchaus mit einem fünf Sterne Restaurant messen. Ich bin dicke fette satt. Jetzt hätte ich gerne noch ein Stamperl, aber das gibt's jetzt leider nicht danach.

Der Hüttenwirt kommt ab und zu, belatschert mich mit den Gefahren der Berge bei dieser Witterung und ist eher ein rauer Typ, mit dem es mir eigentlich keinen Spaß macht, zu reden. Aber ich muss ja antworten. Ganz augenscheinlich will er mir die Tour ausreden, da ist noch keiner gegangen und es ist zu viel Schnee und es wird heute Nacht wieder schneien und wenn es neblig ist, kann man sich schnell mal verlaufen und so weiter…

Ich habe so die Vermutung, dass er nicht mit Frauen kann, die selbstbewusst sind und wissen, was sie wollen. Doch mein Verstand sagt mir, dass er ja quasi für mich verantwortlich ist und als Hüttenwirt auf alle Gefahren hinweisen muss. Er trinkt ein Radler nach dem anderen und ich habe das Gefühl, er langweilt sich. Kann ich verstehen, ohne Kundschaft und nur mich als Gast…

Dann erklärt er mir nun doch den Weg von morgen, holt eine Karte und zeigt ihn mir auch. Er beschreibt, wie ich dann weiter gehen kann, um zum Schlegeisstausse, zum Friesenberghaus, der Olpererhütte oder der Dominikushütte zu kommen. Ich nehme vorsichtshalber eine Karte für 10,00 €, da auch übermorgen der Tag von der Gamshütte zum Berliner Höhenweg nicht in meinem Buch steht. Und zu Hause liegt die Karte im Schrank, von unserem Berliner Höhenweg. Ich muss ihm versprechen, kein Risiko einzugehen.

Und da sitze ich nun, mutterseelenallein und fühle mich schon ein wenig einsam. Zum Team gehören der Chef mit seiner Asiatin, zwei Frauen von denen eine Agnes heißt, die der Chef mehrmals barsch zurechtweist oder etwas hinterfragt, die andere ist Italienerin und ein Koch. Also sind sie mit fünf deutlich in der Überzahl. Sie haben nichts zu tun und lungern ab und zu im Gastraum rum. So vergeht auch die Zeit, nur langsamer. Der Wirt erklärt mir rauchend draußen vor der Hütte noch den Weg von morgen, dessen Beginn man jetzt sehen kann, weil der Nebel aufgestiegen ist.

Mit Schreiben komme ich nicht recht voran, weil sie mich immer wieder davon abhalten und was wissen wollen. Ich trinke um acht dann ein viertel Wein und beende meine Niederschriften. Anton scheint nur auf mich zu warten, denn die beiden Frauen haben sich schon verabschiedet. Ich tue ihm um 21.00 Uhr dann den Gefallen, bezahle und verabschiede mich ins Bett.

So ganz allein hier als Gast ist schon etwas unheimlich und ich bereue, gleich das Bett vorne an der Tür gewählt zu haben. Aber nochmal umzuräumen habe ich auch keine Lust. Also gute Nacht. Ich hoffe nur, die Bordeaux Dogge geht nachts nicht spazieren.

Mittwoch, den 26.06.2013

Ich bin oft wach, aber muss nicht unbedingt zur Toilette. Hier in dieser riesigen Hütte traue ich mich nicht allein raus. Vielleicht sitzt der Hund irgendwo und ein bisschen unheimlich ist es schon, und dann allein im Halbdunkel über den Gang schleichen, das mag ich nun doch nicht.

Als es dämmrig ist, gucke ich auf die Uhr. 5.00 Uhr, also noch keine Zeit zum Aufstehen, weil ich mir für halb sieben das Frühstück bestellt habe. Um 5.50 Uhr hält mich nichts mehr im Bett und der Blick aus dem Fenster beunruhigt mich. Es schneit, so ein Kack! Ich höre, dass jemand zur Treppe runter geht, also wird mein Frühstück vorbereitet. Da im Zimmer ein Waschbecken ist, brauche ich auch nicht raus. Und zur Toilette will ich erst im Erdgeschoss gehen, nicht dass mir die Dogge entgegen kommt.

Als ich um 6.15 Uhr ins Gastzimmer komme, ist das Buffet schon mal aufgebaut. Ich bestelle Kaffee und dann lasse ich mir das Essen schmecken, auch mit Joghurt und Saft. Ich schmiere mir ein Doppelbemme für unterwegs, mit Butter bestrichen und reichlich mit Wurst und Käse belegt. Kann nie schaden, für den Notfall. Dann bin ich gut gerüstet für den Tag.

Ich starte um 6.45 Uhr und bin nicht so sehr beunruhigt, obwohl mir Anton gestern Angst gemacht hat. Allein übers Joch und dann noch als Frau, unmöglich.

Aber es ist niemand mehr gekommen, der auch übers Joch gehen will, also was soll's?

Es schneit, ja, aber es liegt nur wenig Neuschnee auf den Tischen, vielleicht 2 cm. Ich stapfe los. Die Wege sind auf dieser Höhe noch frei. Wie immer fällt die erste Wegstrecke bergauf schwer, bis ich mich daran gewöhnt habe. Der Schnee wird tiefer auf dem Weg. Von oben kommt nur ein leichter Schneefiesel. Ich halte an, setze den Rucksack ab und entledige mich meinem Hemd, weil ich schon durchgeschwitzt bin. Schlimm kalt ist es nicht.

So wie es der Wirt gesagt hat, soll ich mich dann links halten und an einem Weidezaun entlang gehen. Dann aber führt mich der Weg auf einen Wirtschaftsweg, was mich stutzig macht. Ich folge ihm trotzdem erst Mal, obwohl keine Markierungen erkennbar sind. Ich hole mein Navi aus der Jackentasche, aber es findet keinen Empfang. Langsam wird es Zeit, dass es mich ortet, sonst muss ich umdrehen. Denn ich stehe auf der ersten Ebene, so wie es Anton erklärt hat. Aber hier ist kaum auszumachen, wo ich lang gehen soll. Ich stolpere vorwärts, erst mal drauf zu. Irgendwann muss das blöde Navi doch den Satelliten finden. Denn ohne wird das nichts. Manchmal finde ich noch einige Markierung, die aber so verwittert und vielerorts verschneit sind, dass man sie von weitem nicht sieht.

Und endlich habe ich die Unterstützung des Navis und weiß, dass ich etwas zu weit rechts bin. Auf der Ebene hat's viel Wasser. Ich muss durch mehrere große und kleine Rinnsale waten. Dann kommt der Anstieg, den Anton beschrieben hatte. Hier wird es noch schwieriger, in etwa einen Weg zu erahnen. Aber dank Navi weiß ich zumindest die Richtung und schlage mich so durch die Felslandschaft, mehr stolpernd und rutschend, als vernünftig laufend. Wer gibt schon gerne auf? Ich schon gar nicht! Obwohl es zwar trübe ist, habe ich trotzdem immer so 50-100 Meter Sicht. Und manchmal sehe ich sogar wieder eine Markierung.

Dann geht es einen kleinen Hügel wieder hinunter, durch eine Senke und den nächsten Berg rauf, so wie es der Wirt erklärte. Aber das ist gar nicht so einfach, weil alles weiß ist mit kleinen Hügeln. Was drunter ist und was daneben ist, kann man nicht wissen, sondern erst wenn man versinkt, weiß man, dass es hier bestimmt nicht lang ging. In der Senke scheint noch ein altes Schneefeld zu liegen, denn da gehe ich teilweise bis an die Knie ein. Dann wieder bergauf. Und da vor mir an dem großen Felsblock kein Zeichen zu sehen ist, muss ich mich wohl etwas links halten. Also einfach drauflos stapfen. Auf einem kleinen Felsen sehe ich zwei Schneehühner spaziergehen. Sie lassen sich ohne weiteres von mir fotografieren. Nun, wenigstens noch andere Lebewesen hier oben.

Ich erreiche ein weiteres Plateau, kann in der Ferne einige Felsblöcke ausmachen und laut Navi soll ich quer rüber gehen. Allerdings erkenne ich fast nichts mehr, denn es ist alles grau-weiß, plötzlich auch der Himmel. Ich kann noch nicht mal mehr unterscheiden, was Schnee und was Himmel ist. Ich stecke zum x-ten Male bis zum Hintern im Schnee. Ich habe das Gefühl, ich bin schneeblind. Als ich einen halbwegs sicheren Stand habe, hole ich mir die Sonnenbrille aus dem Rucksack. Aber das bringt genauso nichts. Ich dachte, dass ich so in etwa die Vertiefung vom Weg erkennen kann, aber nichts zu machen. Also Brille wieder in den Rucksack und umdrehen. Es fällt mir schwer, aber die Vernunft siegt. Ich will in diesem Moment auch noch gar nicht darüber nachdenken, was ich nun weiter tue, wenn ich wieder an der Lizumerhütte ankomme.

Also zurück. Schweren Herzen trete ich den Rückzug an. Da ich nur meinen Spuren folgen muss, ist es wesentlich einfacher als vorhin. Da, wo ich vorhin im Schnee versackt bin, mache ich jetzt einen Bogen drumherum. Und nun von oben, also aus der anderen Sicht, erkenne ich manchmal den Weg besser als hinauf. Es ist relativ wenig, was mittlerweile vom Himmel kommt und ich habe die Kapuze gar nicht erst aufgesetzt. Je mehr Höhenmeter ich verliere, umso mehr gehen die Schneeflocken in Regen über, doch ich setze die Kapuze nun auch nicht mehr auf.

Je länger ich laufe, je mehr versöhne ich mich mit dem Gedanken, erneut meine Wanderroute ändern zu müssen. Na, auf das Gesicht vom Wirt bin ich mal gespannt. Leider bin ich so in meine Gedanken über den Weiterweg vertieft, dass ich vergesse, Fotos zu machen. Nur einmal, als ich von einem Stein abrutsche und der Länge nach rücklings im Schnee liege, mache ich ein Foto von meinem Abdruck im Schnee.

Natürlich geht der Abstieg schneller, als der Aufstieg. Ich betrete den Gastraum um 8.30 Uhr. Agnes begrüßt mich freudig, aber bedauert, dass ich umdrehen musste. Erst Mal ein Toilettengang und eine Zigarette. Und dann nachdenken! Ich stehe vor der Karte und überlege. Wie kommt man von Wattens oder Walchen nach Freithof, damit ich hinauf auf die Gamshütte laufen kann. Wenn ich da nicht hin will und die Tuxer Alpen ganz auslasse, dann könnte ich irgendwie nach Stein, aber das ist ein riesiger Umweg mit Bahn oder Bus über Innsbruck, oh je. Und die andere Variante ist, nach Walchen/Lager absteigen, dann irgendwie per Anhalter runter bis zum Bahnhof und mit Bus oder Bahn nach Mayrhofen, was aber auch umständlich aussieht.

Ich geh wieder rein, ziehe das feuchte Shirt aus und frage nach Anton. Er ist noch oben, aber sie will ihm Bescheid sagen, dass ich Fragen habe. Ich gehe erneut vor die Tür und stehe wieder vor der Karte, als er dazu kommt und aus Gesellschaft eine Zigarette mitraucht. Ich erkläre ihm meine unterschiedlichen Varianten, wobei er sofort die Gamshütte ausschlägt, weil ich nicht den Berliner Höhenweg gehen kann, wenn schon das Torjoch unbegehbar ist. Also frage ich nach der Variante Mayrhofen und Dominikushütte. Das findet seine Zustimmung. Und spontan sagt er, dass er mich nach Wattens an den Bahnhof fährt. Ich glaub, ich hör nicht richtig! Ich hatte nur gesagt, nach Wattens zu wollen und dann irgendwie weiter. Gut, es sind 20 km, aber wenn ich danach den Zug und Bus nehme, dann schaffe ich das schon bis zum Abend bis zur Dominikushütte. Und er bietet sich ganz spontan an, ich kann es nicht glauben. Er sagt, dass er sich anzieht und dann gleich runter kommt.

Ich warte im Lokal bis er erscheint. Wir starten um 9.10 Uhr. Ich verabschiede mich von den Frauen. Das Auto ist recht hochbeinig und ich habe Mühe, hinein zu kommen. Dann läuft neben mir das Wasser in den Innenraum. Die Tür sei nicht richtig zu, sagt er. Also nochmal geknallt und los geht die Fahrt. Die 7 km ziehen sich ganz schön bis zum Lager. Und das soll ich alles bergauf gelaufen sein? Am Lager kommen uns eine große Gruppe Kinder mit Erwachsenen und zwei Lamas entgegen. Seltsamer Anblick! Es schüttet mittlerweile wie aus Eimern.

Nach dem Schlagbaum müssen wir warten, weil ein Posten die Straße sperrt, Holzfällung. Dann geht's weiter und stetig bergab. Weil es inzwischen kräftig regnet, greife ich nach hinten und angele mir meine Jacke vom Rucksack, sonst bin ich ja gleich durchnässt, wenn ich aussteigen muss. Die Fahrt verläuft recht still. Hin und wieder mal ein Satz, dass war's. Er ist eben ein stiller Gesell, zumindest Frauen gegenüber, scheint mir.

Der Bahnhof ist noch recht weit entfernt von Wattens, im Ortsteil Friesen. Und er bringt mich direkt bis zum Bahnhof. Er fährt so an den Bordstein heran, dass ich nicht im strömenden Regen stehen muss. Ich möchte ihm 20,00 € für den Sprit und seine Freundlichkeit geben, aber er lehnt vehement ab. Ich verspreche ihm, dass ich einmal wiederkommen werde. Ich winke zum Abschied, von ihm ein kurzes Kopfnicken und weg ist er.

Nun stehe ich hier am Bahnhofsgebäude und wünschte, Theresa wäre bei mir, die würde sich sicher besser an dem Kartenautomaten zurecht finden, als ich. Er hatte mir gesagt, ich muss nach Jenbach und dann mit der Zillertalbahn nach Mayrhofen. Ich stiefele zum Fahrplan. Aha, denke ich, um 10.49 Uhr fährt ein Zug nach Jenbach und weiter nach Kufstein. Ein Mann spricht mich an, ob ich von der Lizumerhütte komme. Die Bauern wollen eigentlich die Kühe hinauf treiben und er will wissen, ob es noch Schnee hat droben. Ich kann ihm bestens Auskunft geben und er ist zufrieden. Im Gegenzug frage ich ihn, ob er sich mit den Fahrkartenautomaten auskennt. Er bedauert es aufrichtig, aber die Leute im Kiosk würden mir bestimmt helfen. Na, das wollen wir doch erst Mal sehen. Ich tippe und tippe und siehe da, eine einfache Fahrt bis Jenbach kostet 4,20 €. Der Automat nimmt meinen Fünf-Euro-Schein und spuckt dafür die Fahrkarte und das Wechselgeld aus. Meine Familie wäre stolz auf mich! Aber erst Mal reicht es, dass ich selber stolz auf mich bin. Und das mit Mayrhofen schaffe ich auch noch!

Weil es gerade erst kurz nach zehn ist, setze ich mich an den Imbiss und trinke einen Kaffee. Um kurz nach halb elf mache ich mich auf den Weg zum Bahnsteig. Der Fahrplan sagt Gleis 1. Na das ist doch easy. Ich frage trotzdem einen Radfahrer, der zwar am Bahnsteig 2 steht, aber eben auch wartet. Er spricht nur englisch und wir verständigen uns trotzdem. Er will nach Kufstein, Jenbach kennt er nicht. Aber an der Anzeige kann ich dann lesen, dass mein Zug nach Jenbach der Zug nach Kufstein ist. Fünf Minuten vor der Zeit fährt der Zug ein. Als er durchgesagt wird, frage ich einen Mann, der gerade gekommen ist und der erklärt mir, dass ich richtig bin und mich in Mayrhofen nach dem Aussteigen rechts halten soll, weil die Zillertalbahn ein anderer Verkehrsbetrieb ist. So etwas hatte Anton auch schon gesagt.

Ich nehme einen Fensterplatz, zähle am Aushang die Haltestellen. Fünf an der Zahl, wenn er überall hält. Das tut er und um 11.06 Uhr, wie ausgeschrieben, hält der Zug in Jenbach. Ich verlasse den Bahnsteig durch die Unterführung und lese erstaunt, dass es tatsächlich rechts hoch geht zur Zillertalbahn. Also hinauf. Aber was ist das? Ich bin doch immer noch auf dem gleichen Bahngelände. Hier kann irgendwas nicht stimmen. Ich frage eine Reinigungskraft und sie gibt mir bereitwillig Auskunft. Da vorn steht die Bahn. Ich solle mich beeilen, sie würde gleich abfahren. Ich vergewissere mich nochmal, ob der Zug nach Mayrhofen fährt und ich nur die paar Meter drauf zu gehen brauche. Sie sagt ja. Was haben mir denn die Männer erzählt? Anderer Bahnhof? Nach rechts gehen?

Ist mir nun auch egal. Ich gehe die 30 Meter bis ich das Zugende erreiche und da grad der Lautsprecher sagt, dass die Bahn nach Mayrhofen abfährt und die Türen geschlossen werden sollen, drücke ich den Türöffner am letzten Waggon und denke mir, scheiße auf die Fahrkarte. Ich bin fremd und gerade noch so reingesprungen, werde ich sagen, wenn die Fahrkartenkontrolle kommt.

Naja, so schnell fährt sie nun doch nicht los die Bahn. Ist mir egal, auf jeden Fall steige ich nicht nochmal aus. Ich werde sagen, wie es ist. Die Fahrt geht los, 11.15 Uhr. Ich schaue auf den Aushang und stelle fest, dass es sehr viele Haltestellen gibt, ehe Mayrhofen kommt. Am ersten Halt sehe ich durchs Fenster ein Hinweisschild: „Bitte lösen sie die Fahrkarte im Zug, wenn der Schalter nicht besetzt ist". Na das beruhigt mich doch ungemein. Also kann ich es erklären. Kurz drauf kommt auch schon der Schaffner. Ich sage „Jenbach nach Mayrhofen", zahle 7,10 €, bekomme meine Fahrkarte diskussionslos und die Welt ist in Ordnung.

Eine malerisch schöne Landschaft, die ich durchfahre, auch bei diesem Wetter. Es ist 12.40 Uhr als der Zug in Mayrhofen ankommt. Ich bin am Überlegen, was ich machen soll. Ich checke erst Mal gleich die Busabfahrtspläne direkt vor dem Bahnhof. Zum Schlegeisstausee - der Bus ist gerade vor ein paar Minuten weg. Der nächste fährt 13.25 Uhr. Also wäre es sinnvoll, die Touristeninformation zu suchen. Eventuell wissen sie das Neuste vom Pfitscher Joch (2246 m). Denn wenn ich da morgen oder übermorgen nicht drüber komme, brauche ich gar nicht erst den Berg hinauf, sondern kann gleich nach Hause fahren. Ich frage am Zeitungskiosk nach der Information und stapfe in die angegebene Richtung.

Schöne Häuser und ein Hotel am anderen. Ich klingele Susanne an. Sie soll mal kurz im Internet gucken, wie die Wetter- und Schneelage auf dem Pfitscher Joch ist. Sie geht nicht ran. Ich klingle Jürgen an, er geht nicht dran. Kurz drauf ruft er zurück. Ich frage nur, ob er zu Hause ist, denn sonst nutzt er mir ja nichts am Telefon. Er ist unterwegs, also mache ich gleich Schluss. Die Information befindet sich im „Europahaus" und ist schnell gefunden. Genauso schnell habe ich die Auskunft, dass es sehr viel Schnee hat, als wüsste ich das nicht. Vieles in den Bergen geht nicht, wegen Neuschnee. Ich frage nach der Dominikushütte und dem Pfitscher Joch, aber so genau kann sie darüber keine Auskunft geben. Doch sie greift sofort zum Telefon, um irgendwo anzurufen und erfährt, dass es nicht gut aussieht. Ok, weil ich einen Tag mehr Zeit habe, was ich ihr auch sage, kann ich getrost hinauf fahren und abwarten. Ist besser, als hier im Ort zu übernachten, um dann resigniert abzureisen. Ich will mich wenigstens überzeugen. Abbrechen kann ich immer noch. Sie fragt telefonisch in der Hütte nach, ob Plätze frei sind und wie erwartet, können die sich über einen Ansturm nicht beschweren. Es ist so leer wie überall in den Berghütten. Ich bedanke mich für ihre tolle Hilfe und verabschiede mich.

Susanne ruft zurück und nun sage ich ihr, wo ich bin und dass ich gerade in der Information alles erfahren habe, was ich wissen wollte. Sie solle nur mal nachschauen, ob die Hütte zum Alpenverein gehört. Vor der Tür fällt mir ein, dass ich ja fragen könnte, wie ich nach Stein/Südtirol komme, falls hier keine Aussicht auf Weiterkommen besteht. Sie sagt, so wie ich es bereits vermutet habe, dass dies sehr umständlich ist. Ich hatte ja bereits die Karte vor der Lizumerhütte studiert. Erst Innsbruck und dann mit einigem Umsteigen bis nach Stein oder Pfunders. Ich belasse es bei der Dominikushütte. Sie sagt, sie will mich dort anmelden und fragt nach meinem Namen. Ich mache mir gar nicht erst die Mühe, ihn zu nennen und antworte, sie soll einfach sagen, eine Frau aus Thüringen.

Werden ja nicht zwanzig davon unterwegs sein. „Ah ja, das geht auch." sagt sie lachend.

Und dann verabschiede ich mich zum zweiten Mal von ihr. Da ich Zeit habe, schlendere ich ein wenig in Richtung Zentrum und fotografiere allerhand. Bad Homburg ist die Partnerstadt von Mayrhofen, erfahre ich auf einer Tafel an einem Brunnen. Da die Kirchentür auf steht, besuche ich sie natürlich. Es ist die katholische Pfarrkirche Mariä Himmelfahrt, modern, aber mit vielen Kunstschätzen.

Dann fängt es wieder stärker an mit regnen und ich bewege mich in Richtung Bahnhof. Hier muss ich nun doch noch 20 Minuten warten, zum Glück unter Dach. Der Bus kommt und ich vergewissere mich natürlich bei einer neben mir stehenden Frau, obwohl ich mir die Busnummer gemerkt habe. Sie staunt auch nicht schlecht, als sie erfährt, wohin ich letztendlich will. Nun gut, nach Venedig muss man ja nicht hier lang, deswegen ist sie verdutzt. Und zum wiederholten Male muss ich erklären, dass ich so als Frau alleine in den Bergen keine Angst habe und wieso man soweit laufen will. Da ich keine Zillertalkarte habe, muss ich die Mautgebühr mitbezahlen, sagt sie. Ich zahle also 7,80 €, was ich noch erschwinglich finde. Aber das Geld geht hier durch die Finger wie nichts. Der Bus wird über eine Stunde brauchen bis hinauf zum Stausee.

Es hellt sich langsam auf und es fahren allerhand Leute mit. Zwei Mal stehen wir vor einer roten Ampel, an der auch die Wartezeit angezeigt wird, bis es wieder grün wird. Ein anderes Mal stehen wir an einer Baustelle. Eine schöne und gemütliche Fahrt. Es scheint, als ob es hier niemand eilig hat. Beeindruckend die Staumauer, nach jeder Kurve ein anderer Blickwinkel.

Endstation auf dem Parkplatz an der Staumauer des Schlegeisspeichers. Kaum ein Auto, wenig Menschen. Hier war ich vor Jahren schon mal mit Jürgen, als wir den Berliner Höhenweg gewandert sind. Wir hatten in der Olpererhütte übernachtet, den steilen Abstieg zum Stausee herunter gekommen und am See entlang weiter marschiert.

Es regnet nicht mehr, aber es weht ein eisiger Wind. Ich schaue mich um, weil ich keine Ahnung habe, in welcher Richtung die Hütte sein soll. Ich war davon ausgegangen, über die Staumauer hinweg zu müssen. Doch ein Schild belehrt mich eines besseren und ich schau mich suchend um. Tatsächlich, 20 Meter über mir thront die Hütte an einem Abhang. Ehe ich den Weg hinauf nehme, mache ich aber erst noch einen Abstecher auf die Staumauer, damit ich Fotos „im Sack" habe, falls ich nachher keine Lust mehr habe, vor die Tür zu gehen. Dann wende ich mich hinauf, der Hütte zu, weil es kalt und windig ist, auch ohne Regen unangenehm.

Ich werde recht herzlich von Giulietta begrüßt und tatsächlich bin ich als Thüringerin angemeldet. Sie bittet mich, Platz zu nehmen und ob ich was möchte. „Ein Radler, bitte". Dann kommt ein Mann in den Gastraum, der für jemanden Zigaretten holen soll. Und siehe da, er ist aus Hessen und Giulietta ist aus dem Häuschen. Sie ruft ihren Mann, der auch aus Hessen ist. Der Gast ist aus Reichensachsen und der Hüttenwirt Heiko stammt aus der gleichen Gegend, nur ein paar Kilometer weit entfernt. Ihr Mann telefoniert noch und so lange unterhält sie sich mit dem Laufburschen von der Fischerhütte.

Als Heiko dann vom Telefonieren aus der Küche kommt, grüßt er mich lachend. Der Grund: Er kennt mich! So meint er zumindest. Ich lach mich kaputt. Ich war noch nie hier, ich schwöre! Er will es nicht glauben, dass ich noch nie hier übernachtet habe. Und im Nu ist ein interessantes Dreiergespräch über Hessen und Thüringen im Gange.

Es sind ab und zu Gäste da und sie werden von Heiko und Giulietta umgarnt. Es ist eine gemütliche und familiäre Atmosphäre. Ihr Sohn Robin (11) ist auch hier oben, muss dann aber mit dem Bus wieder hinunter fahren, weil die Oma für die Kinder zuständig ist. Seine Zwillingsschwester ist irgendwo zum Musik machen. Ich habe noch das Vergnügen, bei den Deutschhausaufgaben helfen zu können, das und dass, ihm und ihn muss in einen Text eingefügt werden. Er nimmt gerne meine Hilfe in Anspruch und ich freue mich, ihm ein wenig erklären zu können. Da Heiko mir nicht glaubt, dass ich noch nie hier war, fragt er Robin, ob er mich kennt. Der nickt ganz selbstverständlich: Ja, er kennt mich, weil ich schon mal hier war. Auch Giulietta meint mich zu kennen. Echt erstaunlich!

Dann frage ich Heiko nach Internetzugang. Nein, gibt es nicht, aber er hat einen Stick, um mit seinem Laptop mit der Außenwelt verbunden zu sein. Den darf ich benutzen. Na das ist doch ein Wort! Denn schließlich muss meine Familie erfahren, wo ich abgeblieben bin. Aber es dauert noch fast eine weitere Stunde, bis ich dann den Laptop kriege, weil er so viel damit zu tun hat, seine Gäste zu unterhalten. Und es dauert noch eine ganze Weile, bis ich Internetzugang und Zugriff auf mein Mail-Postfach habe. Währenddessen verabschiedet sich Robin, um mit dem letzten Bus hinunter nach Mayrhofen zu fahren.

Um 17.00 Uhr kann ich dann schreiben, nur an Jürgen, der soll die Information verteilen: Ich lebe noch!

Mein Radler ist ausgetrunken, alle sind informiert, mir geht es gut, was will ich mehr? Ich frage nach meinem Nachtlager. Es ist keine DAV Hütte, das hatte ich schon von Susanne erfahren. Schade! Nun gut, ich nehme die preiswerte Kategorie „Lager" für 28,00 € mit Frühstück. Ein Bett im Zimmer würde 38,00 € kosten. Naja, es wird ohnehin nicht voll werden und so habe ich sicher auch im Lager den Raum für mich allein.

Als mich Heiko zwei Etagen hinauf begleitet, staune ich nicht schlecht, denn im Lager stehen auch richtige Betten, nur dass sie eben nicht bezogen sind, nur Steppbetten und Wolldecken haben. Aber es gibt ein Laken, das man über sich legen soll und dann erst die Decken darauf legt. Also so ähnlich wie mit einem Hüttenschlafsack. Draußen liegen auf einer Anrichte noch Decken zur freien Verfügung, falls mir kalt ist. Fünf Betten im Raum, na das ist doch gemütlich. Kommt ja wohl keiner mehr. Ich frage wegen Abendbrot und er sagt, je eher ich komme, desto eher hat er Feierabend. Sagt's und lacht. Ich verstehe den Wink mit dem Zaunpfahl. Also sage ich 18.00 Uhr und er stapft die Treppen wieder hinunter.

Nachdem ich mich eingerichtet habe und auf dem Weg nach unten bin, sehe ich durchs Fenster noch zwei junge Männer mit großen Rucksäcken kommen. Ich sage Heiko im Lokal, dass noch Kundschaft kommt und er glaubt es mir zunächst nicht.

Ich lasse mich gemütlich an einem Tisch in einer Fensterecke nieder, aber er macht mich kurz darauf aufmerksam, dass es die kälteste Ecke hier im Raum ist, weil die Kälte durch die Fenster schlägt. Ich solle ruhig da vorn neben dem Tresen sitzen, wie vorhin, da ist es nicht so kühl vom Fenster her. Das wollte ich nicht von mir aus tun, weil ich dachte, dass sie dort sitzen oder eben, dass es der Stammtisch ist.

Ich unterhalte mich, mal mit Frau, mal mit Mann und mal mit dem Paar gemeinsam, je nachdem, wer gerade Zeit hat. Am Nebentisch sitzt ein Ehepaar, das auch an Gesprächen interessiert ist. Als die beiden Männer dann ihr Lager bezogen haben, er hat ihnen ein anderes Zimmer gegeben, weil er mir den Spaß mit zwei jungen Männern nicht gönnen will, sagt er schelmisch, und wieder in der Gaststube erscheinen, entsteht eine gemütliche Unterhaltung, wechselseitig und quer Beet.

Die Männer und das Ehepaar kommen aus Sachsen, sogar aus einer Region, aus der Nähe von Dresden. Das Ehepaar hatte heute eine Wanderung zum Pfitscher Joch unternommen und berichtet nun davon, dass der Weg gut begehbar ist und man folglich auch auf der anderen Bergseite gut hinab nach Stein gelangt. Leider hatte das Haus nicht geöffnet und das hatte ihre Wanderfreude getrübt. Stattdessen haben sie dann auf dem Rückweg in der Lafitz Alm Rast gemacht.

Das zu hören, beruhigt mich ungemein! Also kann ich morgen wie geplant weiter. Sonst hätte ich wirklich noch einen Tag abgewartet und wenn dann nichts gegangen wäre, hätte ich die Wanderung abgebrochen. Aber jetzt bin ich wieder happy!

Wir erzählen von unseren Wanderungen und einigen Erlebnissen. Dass die zwei jungen Männer auch nach Venedig laufen, erstaunt das Paar weniger als die Tatsache, dass ich ganz allein als Frau unterwegs dorthin bin. Kommt mir irgendwie bekannt vor! Und sie interessieren sich sehr für die Kultur Nepals und den Jakobsweg.

Die beiden Freunde haben übrigens auf dem Weg hierher sehr seltsame Touren gemacht. Sie haben erst in Bad Tölz begonnen, weil sie nicht durch die endlose Ebene hinter München wandern wollten. Zum Karwendelhaus sind sie erst gar nicht aufgestiegen, weil ihnen angekündigt wurde, dass das Schlauchkar nicht passierbar ist. Sie sind stattdessen zur Engalm, von da weiter und haben letzte Nacht in Schwaz geschlafen. Heute Morgen sind zur Gamshütte aufgestiegen, um dort zu erfahren, dass von da aus nichts geht. Also sind sie abgestiegen nach Ginzling, direkt an die Straße Mayrhofen – Schlegeisspeicher und haben dann den letzten Bus hier herauf erwischt. Also war es richtig, dass ich nicht zur Gamshütte bin. Ich spare mir die Bemerkung und bedauere sie von Herzen für den Umweg.

Um 18.00 Uhr gibt es wie gewünscht das Abendbrot. Ich habe Spaghetti Bolognese gewählt. Echt lecker, aber viel zu viel! Ich habe Mühe, alles zu schaffen.

Nun haben sie doch fünf, statt drei Gäste. Gemeinsam einigen wir uns auf 8.00 Uhr Frühstück. Nach dem Abendbrot gehen die Unterhaltungen weiter, quer durch den Raum. Ich bestelle mir Weißwein und da es sich so angenehm sitzt, kommen noch zwei weitere Gläser dazu.

Heiko unterhält uns gut. Sie haben vier Kinder - 24, 22 und 11 (Zwillinge). Ich staune nicht schlecht, allerdings kann ich die beiden nicht einschätzen, wie alt sie sind. Ich würde sagen, vielleicht 45? Giulietta hatte vor einer Woche Geburtstag. Das erfahren wir, weil ich frage, wer die vielen Blumen geschenkt bekommen hat. Der mittlere Tisch trägt nämlich eine wunderbare Blumenlast, mehrere Sträuße mit den unterschiedlichsten Blüten, auch Rosen sind dabei. Vielleich frage ich morgen früh noch, wie alt sie geworden ist.

Nun sitze ich hier und habe einen Tag Vorsprung. Darüber bin ich froh. Allerdings stimmt es mich auch traurig, dass ich nun schon die dritte Änderung der Etappen hinter mir habe, also gar nicht alles so gelaufen bin, wie es sein sollte. Also zu Fuß über die Alpen, aber mehrmals drum herum, statt drüber!

Susanne schreibt noch, dass die Etappe morgen gut zu bewältigen ist, der Weg allerdings am nächsten Tag wieder hoch hinaus führt und Bergerfahrene nichts Gutes über diesen Abschnitt schreiben. Viel Schnee! Kommt mir echt bekannt vor! Ist ja noch ein Tag Zeit, beruhige ich mein Gewissen. Und morgen soll schon mal die Sonne scheinen. Übrigens ist morgen

„Siebenschläfer". Die alte Bauernweisheit sagt: So wie es am Siebenschläfer ist, so bleibt das Wetter sieben Wochen.

Um kurz nach 21.00 Uhr beginne ich als Erste mit dem Aufbruch. Ich hab einfach keine Lust mehr zum Sitzen. Von den drei Gläsern Wein merke ich noch nichts - sicher erst morgen früh, beim Bezahlen. Heiko wird froh sein, wenn alle im Bett sind, weil er dann nach Hause fahren kann. Sie schlafen nicht hier in der Hütte. Es sind ungefähr 4°C draußen und kalter Wind bläst um die Hütte.

Es gibt eine dünne Steppdecke für jedes Bett, aber Heiko hatte gleich auf den Stapel Decken auf dem Flur gezeigt und gemeint, wer friert, holt sich noch eine. Ich nehme mir vorsichtshalber gleich zwei mit ins Zimmer. Und genauso packe ich mich auch ein. Man weiß ja nie! Es ist jetzt schon recht kühl. Als ich mich gut eingekuschelt habe, höre ich Stimmen auf dem Flur. Also gehen auch die anderen schlafen.

Donnerstag, der 27.06.2013

Ich friere nicht, schlafe gut und gehe einmal in der Nacht spazieren. Angst habe ich nicht. Ich achte nur darauf, dass die Dielen und die Türen nicht so viele Geräusche von sich geben, weil ich niemanden stören möchte. Langsam dämmert es und als ich dann mal durch die Augen blinzele, wird es schon hell und siehe da, die Sonne scheint.

Es ist 7.00 Uhr. Eigentlich noch zu früh um aufzustehen, weil Heiko ja erst um 8.00 Uhr kommen will. Was soll's, dann setze ich mich eben ein wenig in die Gaststube, schreibe mal die Etappen zusammen und dann kann ich ihm ja auch helfen. Ich schleiche ganz leise zur Toilette und ins Bad, um niemanden vorzeitig zu wecken.

Es ist herrlich draußen! Ich schaue aus meinem Fenster. Die Sonne scheint, die Vögel zwitschern, auf den Gräsern liegt Raureif und es könnte durchaus 0-1°C sein, wenn nicht sogar unter null. Aber kein Neuschnee! Diese wunderschöne Morgenstimmung muss ich mit der Kamera festhalten. Grandiose Blicke auf die Berge, ohne Nebel oder Wolken, orange gefärbter Fels, blendend weiße Schneemützen, einfach die Kitschbilder, mit denen man die Menschen in die Berge lockt. Aber das zu sehen, ist wirklich unvergleichlich schön!

Dann habe ich alles fertig gepackt, schultere meinen Rucksack, gehe zur Treppe und denke, na eigentlich müsste sich ja bald was regen, oder? Immerhin ist es ja schon halb acht durch, denke ich mir und schaue auf die Uhr. Ich kann es gar nicht glauben, es ist nicht kurz nach halb acht, sondern kurz nach halb sieben. Hab ich mich doch wirklich so in der Zeit verguckt? Eine Stunde zu früh!

Zum Glück ist der Gastraum auf und ich suche mir eine sonnige Ecke, schreibe im Buch die Etappen um, so wie ich sie gelaufen/gefahren bin und dann schreibe ich noch ein wenig in den Laptopaufzeichnungen dazu, wo mir was einfällt.

Um 7.25 Uhr kommt Heiko und staunt nicht schlecht, dass ich schon hier rumsitze. Die beiden jungen Männer kommen um 8.00 Uhr dazu. Das Frühstück ist gegenüber der Lizumerhütte recht spartanisch: zwei Sorten Wurst, Marmelade, Honig und Butter, Naturjoghurt und Müsli. Saft oder Wasser und Obst fehlen gänzlich. Nun gut, man will ja nicht meckern. Alle erfreuen sich am Sonnenschein. Heiko leistet uns Gesellschaft und nun weiß ich, dass er 51 ist und seine Frau am 16.06. 49 geworden ist. Er ist von Hessen aus 20 Jahre nach Holland gegangen, IT-Branche. Er war viel unterwegs, hatte wenig Zeit für die Familie. Dann hat er sich diese Hütte gesucht und ist seit 2007 oder 2008 hier, sie ist sein Eigentum. Er hat eine Facebook-Seite von der Hütte und dafür macht er ein Foto von mir, bevor ich losgehe. Ich sage ihm, dass er das Foto dort einstellen soll, dann können meine Kinder es sehen.

Gerade als ich los wandern will, kommt auch das Ehepaar zum Frühstück und sie bekommen meine Visitenkarte. Sie hatten sich nämlich für meine Bücher interessiert. Naja, ein bisschen Werbung muss sein, auch für meine Homepage.

8.45 Uhr - ich ziehe los. Wunderschönes Wetter und tolle Wanderbedingungen. Entgegen meiner Erwartung muss ich nicht um den See drumherum, wie vor Jahren schon mal mit Jürgen auf dem Berliner Höhenweg gegangen, sondern beim Zamsgatterl in das Seitental nach rechts einbiegen.

Ja, es ist ein wunderschöner Weg durch das langgestreckte Tal, den Zamser Grund. Ich mache viele Fotos. Bei einem aus Natursteinen und Bäumen angelegten Ratsplatz bellt mich wütend ein Hund an. Zwei Jäger sitzen da, mit Waffen und Fernglas und bemühen sich redlich, den Hund zu beruhigen. Er mag mich wohl nicht. So kommen wir ins Gespräch. Sie wollten wirklich jagen, aber die Rehe haben sich noch nicht blicken lassen. Sie sitzen schon seit ganz früh hier, aber ohne Erfolg.

Ich ziehe weiter, beständig und langsam bergauf, auf dem teils mit Platten ausgelegten Weg. Dann holen mich die ersten Tageswanderer ein, drei ältere Paare. Ich lasse sie ziehen, weil ich doch dauernd zum Fotografieren stehen bleibe. Dann entdecke ich auf einem Bergrücken ein Hausdach. Das muss die Lafitz Alm sein. Sie lädt mit Tafeln am Wegesrand die Ausflügler ein, bei ihnen Rast zu machen. Leider brauche ich um diese Uhrzeit noch keine Pause.

Dann bin ich am Talschluss und kann schon die langestreckten Serpentinen hinauf zum Joch ausmachen. Auch ein Hausdach kann ich oben erkennen, was ich für das Pfitscher-Joch-Haus halte. Die Fahrstraße zieht sich ganz schön, dafür aber nicht sehr steil. Man kann noch gut die Schneeräumspuren erkennen. Und Schnee liegt auch noch ausreichend. Als ich dann zurück schaue, kann ich nachfolgenden Wanderer erkennen, unten am Abzweig zur Lafitz Alm. Die beiden jungen Männer werden wohl auch dabei sein.

Das Dach, was ich von unten gesehen habe, ist nicht das Joch-Haus, sondern steht hier mit anderen Häusern, die hier an der Grenze zu Italien stehen. Ein Auto ist am Wegrand abgestellt und als ich es fast erreiche, tummeln sich vier Murmeltiere dort am Straßenrand. Ich bleibe stehen und mache unzählige Fotos, weil ich wegen der Sonne nichts auf dem Display erkenne. Ich hoffe nur, dass ich wenigstens ein paar gute Fotos dabei habe. Ich gehe einige Meter weiter und dann habe ich sie ganz nah vor mir. Sie scheinen Publikum gewöhnt zu sein. Sie beäugen mich zwar, aber lassen mich trotzdem zusehen. Ich filme sie, ebenfalls in der Hoffnung, dass ich was drauf habe. Ich kann mich ja nicht viel bewegen, sonst hauen sie ab. Und sie kommen mir so nah, dass ich doch mal mit dem Fuß aufstampfe, damit sie sich zurückziehen. Ich freue mich über so eine seltene Begegnung.

Dann marschiere ich weiter und überschreite die Grenze von Österreich nach Südtirol. Das Pfitscherjoch-Haus thront erst auf dem nächsten Sattel. Der Wind ist hier oben eisig, deshalb halte ich mich nicht lange auf und steige hinauf zum Haus. Dort sind Bauarbeiten im vollen Gange, direkt an der Eingangstür und da die Fensterläden geschlossen sind, nehme ich an, dass so wie gestern auch heute nicht geöffnet ist. In der daneben stehenden Kapelle muss ich Eiskristalle fotografieren, die waagerecht hängen, weil der Wind die Wassertropfen in diese Richtung getrieben hat.

Durch mein Fotografieren hier und die Murmeltiere vorhin habe ich viel Zeit verloren. Die jungen Männer haben mich eingeholt. Just in dem Moment, als ich ihnen sage, dass wohl nicht geöffnet ist, kommen die älteren Paare, die mich hochwärts überholt hatten, aus dem Gebäude. Also doch auf! Ich hätte ja die Arbeiter fragen können, ich Depp. Jetzt wäre ich gleich gegangen, ohne in den Genuss eines Radlers gekommen zu sein. Wir gehen hinein und es ist schön, sich aufzuwärmen. Das Radler schmeckt und die Männer sind von den Murmeltieraufnahmen begeistert. Sie haben sie nur pfeifen gehört.

Die Pause von 11.30 – 12.00 Uhr tut gut und ich bin angenehm durchwärmt. Nachdem ich aus dem Fenster in alle Richtungen fotografiert habe, geht es weiter. Der Weg soll vor dem Gasthaus zum Jochsee hinunter führen, aber es sieht nicht so aus, als wäre da nach dem Schneefall schon jemand in Richtung See lang gegangen. Also gehen wir den Hügel wieder runter und laufen auf der Straße.

Nach der Kurve kommt der im Buch beschriebene Fußweg, der die Serpentinen der Straße abkürzt. Die Männer entscheiden sich für die Straße, weil man doch über Schneefelder muss. Ich nehme den Fußweg. Und tatsächlich stecke ich manchmal bis zu den Knien im Schnee. Aber bei Sonnenschein und vorhandenen Spuren, in die man treten kann, ist das alles kein Problem. Es ist ein gut markierter Wald- und Wiesenpfad, der sich gut laufen lässt, mit Sicherheit besser als die Fahrstraße mit wer weiß wieviel Prozent Gefälle.

Ich treffe wieder auf die Straße, gehe sie ein Stück, bis ein Wanderweg rechts hinunter in Richtung Stein führt. Es geht über Wiesen, auf denen die Kühe ebenfalls den Wanderweg benutzt haben und ihn matschig zerlatscht haben. Aber die Wiese ist ja groß genug, so dass man da nicht reintreten muss. Dann führt der Weg durch Wald und das lässt sich natürlich noch bequemer laufen. Und als ich denke, dass Stein bald kommen muss, steht auf einer Lichtung eine Bank. Und wer sitzt drauf? Die beiden jungen Männer. Sie sind die Straße nur ein Stück gegangen und dann kam nochmal ein Fußweg, den sie genommen haben, weil sie gerade zwei Frauen haben hochkommen sehen. Naja, sicherlich waren sie schneller, oder haben weniger Fotografiert, oder der Weg war eben kürzer. Im Prinzip ist es egal. Sie wollen allein gehen, so scheint es mir. Also schwatzen wir nur kurz und dann gehe ich weiter.

Weil ich natürlich mehr in der Weltgeschichte rum schaue, als auf den Boden, stolpere ich über einen Draht und fliege der Länge nach hin, auf die Wiese. Zum Glück habe ich mir nicht wehgetan und auch die Brille ist heil geblieben. Nur die Nasenstege sind etwas verbogen, was sich allerdings wieder richten lässt. Das muss ein Bild für die Götter gewesen sein. Ich drehe mich um und bin erleichtert, dass ich bereits aus dem Blickfeld der Männer gewesen sein muss. Zum Glück! Aber lachen muss ich trotzdem über meine Blödheit und vor allem über die Vorstellung, wie dieser Hechter ausgesehen haben muss. Zum Glück waren hier scheinbar noch keine Kühe. Das wär's noch gewesen: in einen Kuhfladen getaucht!

Vor mir habe ich nämlich einen wunderschönen Blick auf eine Kapelle und die ersten Häuser von Stein und deswegen hatte ich nicht auf den Weg geachtet. Es geht weiter über eine Wiese und im Nu stehe ich vor der Kapelle. Ich mache Fotos durch das kaputte Fenster. War bestimmt mal ein Kleinod, ist aber dem Verfall preisgegeben und ordentlich verwüstet. Das

Mauerwerk ist abgeplatzt, die Bänke und der Altar stehen noch, auf dem Altar liegt noch die bestickte weiße Decke, Heiligenbilder stehen geordnet darauf und das Deckengemälde ist noch gut erhalten. Der Rest sieht leider erbarmungswürdig aus, von innen wie von außen. Schade drum.

Gegenüber der Kapelle linker Hand steht eine Scheune. Ein schmaler Gang führt an ihr vorbei, direkt auf ein Haus zu, an dem das Schild „Bartelhof" hängt. Unvermittelt stehe ich vor dem Gasthof, ein hübsches Haus. 30 m weiter soll der Gasthof Stein sein. Aber da mich Heiko heute Morgen hier angemeldet hat, gehe ich hinein. Eine alte Frau kommt mir entgegen und begrüßt mich herzlich. Ich soll Zimmer 2 im ersten Stock nehmen. Aber ich sage ihr, dass ich mich erst noch ein wenig draußen auf die Bank in die Sonne setzen möchte.

Die beiden Männer ziehen am Haus vorbei. Sicher gehen sie in den anderen Gasthof. Ich schaue der Hausherrin zu, die derweil hier draußen die Blumen gießt. Da kommen die Männer zurück und ich zeige ihnen die Hausherrin. Leider stehen sie zu weit entfernt, so dass ich nicht alles mitbekomme, was sie reden. Letztendlich ziehen sie weiter, weil der andere Gasthof wohl preiswerter ist. Dort kostet es 26,00 € pro Person, das habe ich gehört. Scheinbar muss ich hier mehr bezahlen. Nun gut, so geht es, wenn man nicht vorher fragt.

Ich komme mit der Frau ins Gespräch und erfahre, dass sie sechs Kinder hat, die sie mir alle aufzählt, was sie beruflich wo machen und vier Enkelkinder hat sie. Im Sommer hilft eine Enkelin ihr mit, wenn viele Gäste kommen. Ansonsten macht sie das allein. Sie ist 80 Jahre und ihr Mann ist schon 10 Jahre tot. Nun muss sie das allein verwalten, bleibt ihr nichts weiter übrig, sagt sie. Gegenüber, das neue und hübsche Haus gehört ihr auch. Sie haben es 2003 gebaut. Darin ist unten eine Ferienwohnung und oben die ist noch nicht ausgebaut. Das nutzt sie zum Wäschetrocknen. Ich frage nach Abendbrot und sie sagt um 19.00 Uhr. Die beiden Männer wollen auch essen. Und so stellt sich heraus, dass noch zwei Männer zu Gast sind, die auch nach Venedig wollen. Also doch noch einige unterwegs. Bin mal gespannt.

Die Frau staunt natürlich auch, dass ich so allein unterwegs bin, gibt mir aber recht, dass dies sicher nicht schlecht ist. Und wenn man langsam geht, hat man Zeit, die Natur zu betrachten und ist nicht so k.o., wenn man ankommt. Sie spekuliert, dass ich eine „Schreibtischdame" sei und da hat sie ja nicht Unrecht. Dass ich aber auch schon vier Enkel habe, will sie mir nicht so recht abkaufen. Und dass ich 53 bin, erst recht nicht. Ich würde sicher öfter zu hören bekommen, dass ich nicht so alt aussehe, sagt sie und lacht. Die Frau mit ihren 80 Jahren ist einfach beeindruckend.

Um 15.00 Uhr, es sind in der Sonne an der Hauswand noch 14°C, beziehe ich mein Zimmer, während die Seniorin Gras zusammen recht. Mein Zimmer Nr. 2 ist groß, hat zwei Betten mit dicken Federbetten, einer Couch, einem Schreibtisch, Waschbecken und Zugang zum Balkon. Das Bad mit Dusche und Wanne, Bidet und Toilette befindet sich, wie gestern in der Dominikushütte, auf dem Flur. Allerdings hat das Bad hier ein Bidet, eine Badewanne und ist für ein altes Bauernhaus sehr groß.

Aber es ist eisigkalt in meinem Zimmer. Ich zeihe noch zwei Sachen übereinander und zwei paar Stümpfe. Und trotzdem friere ich und habe eisige Finger hier beim Tippen am Schreibtisch. Es ist 15.30 Uhr und die Sonne ist bereits verschwunden. Sie hatte gesagt, morgen soll doch wieder Regen kommen, aber insgesamt soll das Wetter aber besser werden. Schließlich gehe ich ja in Richtung Süden, da wird es immer wärmer. Aber so viel sie gehört hat, sollen auch die Dolomiten Schnee abbekommen haben. Sie hat mir auch schon den Weg für morgen erklärt und ich staune nicht schlecht, dass ich gar nicht geradeaus hinab durch das Tal ziehen muss, sondern links durch die Berge. Ich lese nach und tatsächlich halte ich mich morgen links.

Gefühlte null Grad im Zimmer. Noch was anzuziehen wird nicht viel Zweck haben. Ich gehe mit Laptop und Buch runter und frage die Frau, ob sie nicht einen Raum hat, wo es wärmer ist. Aber ja, nebenan ist ein Gemeinschaftsraum. Ich freue mich.

Da sitzt schon ein Mann im Sessel, dicht beim Ofen. Wir begrüßen uns und er erzählt, dass er mit seinem Bruder unterwegs ist und dass er auch hier unten sitzt, weil es ihm oben zu kalt ist. Er hatte sich schon zwischenzeitlich ins Bett verkrochen, aber war auch dort nicht recht warm geworden. Seinen Namen vergesse ich sofort wieder. Aber sein Bruder heißt Helmar, glaube ich jedenfalls. Ist ja auch egal. Er will wissen, woher ich komme und bereitwillig gebe ich Antwort, auch über meine abgebrochene Tour übers Torjoch. Das soll ich bitteschön seinem Bruder nachher erzählen, weil er das nicht glauben wird.

Der Raum ist gemütlich eingerichtet. Wie im gesamten Haus ist liegen auch hier Teppiche, die Einrichtung dunkles Holz, rustikal, alles was sich hier befindet. Liebevolle kleine Details, vor allem auch die Holzdecke, beeindrucken durch das Zusammenspiel von Holz, Schnitzereien und der Verbindung von Mobiliar und Architektur. Der gemauerte Kachelofen in der linken Zimmerecke wird augenscheinlich vom Nebenraum geheizt und nach Auskunft des Mannes wurde bereits Feuer gemacht. Spüren tut man davon noch nichts, auch nicht an den Kacheln, aber es wird in der Art von Speckstein sein, der dann erst später seine Wärme abgeben. Über dem Ofen ist eine zweite Ebene aus Holz gebaut, eine Lagerstatt, auf der man gut liegen kann. Wir werden wohl knobeln müssen, wer darauf schlafen darf. Auf jeden Fall ist es etwas angenehmer, als im Zimmer und wir vertrauen darauf, dass der Ofen bald Wärme spendet.

Der Tisch ist schon eingedeckt für uns drei zum Abendbrot, das es um sieben Uhr geben soll. Ich setze mich an den Tisch und übertrage die Fotos. Die Besitzerin kommt und serviert dem Mann auf einem Tablett Kaffee und ein breites Stück Rührkuchen. Genau in dem Moment kommt der Bruder und bestellt sich auch Kaffee, ohne Kuchen, weil ihm sein Bruder die Hälfte von dem dicken Stück abgeben will. Ich bestelle mir auch eine Tasse Kaffee mit Milch. Vielleicht werde ich dann warm. Und sofort erzählt der Erstere, dass ich eine Tour wegen Schnee abgebrochen habe und dass es durchaus sinnvoll war, dass sie um den Berg herum und mit Zug und Bahn von Sterzing aus hierhergekommen sind. Morgen möchten sie auch weiter, über die Grindlscharte nach Pfunders. Eine angenehme Unterhaltung entsteht. Ansonsten und zwischendurch hängt jeder seinen Gedanken nach oder liest. Ich finde in einer Broschüre die „Legende von den langen Löffeln" (siehe Anhang), von der ich begeistert bin. Ich lese sie den Brüdern vor und auch sie finden sie toll.

Um 18.00 Uhr gehe ich raus, um eine Zigarette zu rauchen und schaue aufs Thermometer, 11 Grad Celsius geschützt an der Hauswand. Es fühlt sich aber durch den Wind wesentlich kälter an. Ich geh die paar Schritte bis zum anderen Gasthof „Stein" und da sitzen die beiden Freunde vor dem Haus auf der Bank und sind in die Zeitung vertieft. Wir unterhalten uns übers Wetter, was sonst, wenn man unterwegs ist. Ja, sie wollen natürlich auch morgen über die Grindlscharte nach Pfunders. Es ist so ziemlich der einzige Weg, den ein Venediggeher von hier aus geht, sonst wäre er nicht hier im hintersten Talende.

Zurück im Aufenthaltsraum frage ich, wer friert, der solle doch mal vor die Tür gehen, dann freut er sich, wenn er hier rein kommt. Roland liegt auf dem Ofen, dem man jetzt wirklich anmerkt, dass er eingeheizt ist, wie es die Dame gesagt hatte. Sie haben beide schon für morgen in Stein im Gasthof Brugger gebucht und wollen nun noch für den darauffolgenden Tag in der Kreuzwiesen Alm reservieren. Das trifft sich gut und ich lasse mich mit anmelden. Sie nehmen ein Zimmer und ich Lager. Irgendwann muss ich ja ein paar Euro sparen. Ich weiß ja noch nicht mal, was hier die Nacht und was das Abendbrot kostet und ob ich ohne Frühstück bezahlen kann, weil ich vor 7.30 Uhr aufbrechen möchte, also vor dem Frühstück. Auf jeden Fall muss es hier etwas teurer sein, als im Gasthof nebenan. Nun ja, ich werde mal sehen, dass ich vielleicht in Pfunders Geld abheben kann, ehe ich ins Hochgebirge gehe.

Die Brüder haben es nicht so mit dem Frühaufstehen, geben sie zu. Sie werden erst Frühstücken und danach starten. Da ich ein Navi habe und mich bestimmt nicht verlaufen werde, finden sie es super, mir einfach folgen zu können. Und gerade wenn Schnee liegt können sie meinen Fußstapfen folgen.

Um 19.00 Uhr geht die Tür auf und die Hausherrin serviert uns Backerbsensuppe in großen Schalen. Lecker! Sie legt eine Getränkekarte dazu auf den Tisch, alles ohne Preise. Kurz darauf bringt sie das Hauptgericht. Es gibt Rindfleisch, dünne, kross gebratene Stücke mit zwei Scheiben geräuchertem und angebratenem Speck drauf. Für mich hat sie das Gericht auf einem kleinen silbernen Tablett angerichtet mit Kartoffeln und Soße drauf. Die beiden Herren bekommen das Gleiche, allerdings auf einem größeren silbernen Tablett mit der doppelten Portion. Dazu gibt es Kopfsalat mit Möhren. Sie bringt auch Essig, Öl, Salz und Pfeffer zum Würzen. Es sieht nicht nur lecker aus, sondern es schmeckt auch einmalig gut, vor allem der Schinken obendrauf gibt dem Rindfleisch noch die passende Würze. Auch die Soße ist lecker.

Es schmeckt uns allen ausgezeichnet und wir sind voll des Lobes. Frau Messmer kommt und fragt, ob alles recht ist und wir bestellen uns jeder ein viertel Liter Rotwein. Sie erzählt uns, dass alles aus eigener Produktion ist, nichts Gekauftes. Nun rätseln wir, was es als Nachspeise gibt. Die Männer sind der Meinung, Obst und ich gebe zu bedenken, dass es ja auch Pudding geben könnte. Roland und ich räumen das Geschirr ab und tragen es in die Küche. Sie freut sich und ich staune nicht schlecht: Da stehen tatsächlich schon auf einem Tablett drei Glasschalen mit Vanillepudding, garniert mit zwei Halbkugeln, roter Soße und ein Stengelchen Waldmeister. Dieses Dreigangmenü kann sich durchaus mit einem vier Sterne Restaurant messen. Die Halbkugeln auf dem Pudding sind Apfelstücken, mit einem kleinen Eisportionierer als Halbkugeln ausgeschnitzt.

Wir sind ausreichend satt und der Wein schmeckt ebenfalls lecker. Wir machen unseren Spaß und sagen, dass wir so viel Wein trinken müssen, bis er in die Füße sinkt. Ich gehe um 20.00 Uhr raus, noch eine Zigarette rauchen und lese auf dem Thermometer auf der Hauswand 7 Grad. Es geht kaum noch Wind, ist aber recht frisch. Helmar liegt auf der Couch und wärmt seine Füße am Ofen. Meine sind mittlerweile warm geworden. Helmar erzählt, dass er am Nachmittag schon den Weg von morgen gegangen ist. Es geht wirklich die Passstraße in Richtung Pfitscher Joch hinauf, ungefähr 45 Minuten ist er gelaufen ohne Rucksack und dann zeigt er mir auf der Karte, dass ein Stück weiter, wo der Wanderweg auf der Karte einen Bogen macht, der Hang abgebrochen ist. Wir unterhalten uns noch ein wenig über dies und das, wobei sich die beiden Brüder mit gezieltem Wortwitz immer gegenseitig auf die Schippe nehmen.

Dann gehe ich kurz vor neun als Erste nach oben. Vorher schaue ich in die Küche zu Frau Messmer, um bezahlen zu wollen. Sie sagt aber, dass dies nur ihr Sohn Stefan macht und der ist zur Gemeinderatssitzung. Aber er ist mit Sicherheit morgen früh um halb sieben schon auf, wenn ich los will.

Als ich fast bettfertig bin, höre ich, dass die beiden Männer auch nach oben kommen. Ich ziehe nur die Hose aus, lasse beide Paar Strümpfe und alle vier Oberteile an. Das Bett fühlt sich irgendwie klamm an, aber das dicke Federbett verspricht zumindest, irgendwann Wärme abzugeben, sofern mein Körper in der Lage ist, sich aufzuheizen. Auf jeden Fall liegt es sich ganz kuschlig darunter, nur die Matratze ist recht hart. Es ist 21.15 Uhr. Kurz drauf höre ich den Sohn zurückkehren und mit der Mutter reden, obwohl ich das Gefühl habe, dass noch eine männliche Stimme dabei ist. Aber es ist mir zu müßig, auf das Gespräch und die Stimmen zu lauschen.

Freitag, den 28.06.2013

Ich gehe um 1.30 Uhr auf Toilette. Mein Bett ist mittlerweile schön warm geworden und ich ziehe den langarmigen Pullover und das erste Paar Socken aus. Um 5.00 Uhr bin ich endgültig wach und warte darauf, dass es kurz vor 6.00 Uhr wird. Da ja ein Waschbecken im Zimmer ist, brauche ich nicht unbedingt ins Bad. Ich ziehe die Gardine zur Seite und schaue mir die Landschaft an. Ja, es hat in der Nacht wieder geregnet und auf den Gipfeln liegt Schnee. Keine guten Bedingungen, wenn man über einen 2644 m hohen Pass muss. Ich lasse mich erst mal nicht davon beeindrucken, immerhin nehmen ja noch vier Männer diesen Weg. Allerdings werde ich als Erste gehen.

Als ich komplett gepackt habe und fertig angezogen bin, gehe ich zur Toilette und dann auf leisen Sohlen, den Rucksack auf dem Rücken, Schuhe und Stöcke in der Hand und Geldbörse in der Jackentasche, hinunter ins Erdgeschoss. Der Sohn hantiert tatsächlich schon in der Küche. Seine Mutter erscheint auch sogleich. Ich muss 44,00 € zahlen, sagt der ansonsten wortkarge Sohn. Dann verabschiede ich mich freundlich von den beiden und bekomme gute Wünsche mit auf den Weg.

Es nieselt und auf allen Bergen ringsherum sieht es gepudert aus. Also wieder über 1700 m Schnee. Wie wird es dann auf 2644 m aussehen? Ich biege um die

Hausecke der Pension Stein, und nehme den Weg direkt unterhalb von den beiden Unterkünften, so wir es mir Helmar beschrieben hat. Nach einigen hundert Metern Wegstrecke nimmt der Regen zu. Ich halte an einer Bank an, ziehe die Mütze auf und die Windjacke an. Da ich ja von Helmar den Wegverlauf der ersten Stunde kenne, bin ich vorbereitet und lasse es langsam angehen. Ich fotografiere die Kapelle auf der Wiese von der Straße aus, denn angesichts der Tatsache, dass ich sehr lange unterwegs sein werde, möchte ich nicht gleich früh morgens die Schuhe durchweichen lassen. Die Straße lässt sich gut laufen und tatsächlich ist es ganz easy, in der dritten Spitzkehre den Wanderweg zu finden. Ist außerdem gut ausgeschildert. Es regnet mäßig dahin. Ich finde den abgerutschten Hang, habe allerdings etwas Mühe, am Ende zu finden, wie es weiter geht. Ich steige erst mal einige Meter zu hoch am Hang, bis ich weiter unten sehe, wo der Weg weiter geht. Naja, ist ja nicht weiter schlimm.

Ich mache viele Fotos, von den gepuderten Bergen, dem Weg, der Landschaft und einzelnen Details. Das Gras, das bis auf den Weg ragt, macht mir schon mal die Hosenbeine nass. Als ich dann die verfallenen Unterberghütten erreiche, wird es noch schwieriger, denn wilder Rhabarber reckt seine kniehohen Blätter bis auf den Weg. Ich schultere meinen Rucksack ab, hole meine Gamaschen hervor und ziehe sie über, um meine Hosenbeine ein wenig zu schützen. Ich trinke einen Schluck Wasser und weiter geht's.

Bis hier zu den Unterberghütten (1800 m) liege ich immer noch genau in der im Buch angegebenen Zeit von einer Stunde und zwanzig Minuten. Ich mache mir vorerst keinerlei Sorgen über den Schnee auf den Bergen, weil sonst die Wirtin sicher gesagt hätte, dass ich nicht, oder zumindest nicht allein gehen soll.

Es geht durch ein langes, namenloses Tal und so wie es im Buch steht, zieht es sich unendlich, nur mäßig ansteigend. Zwei Mal muss ich über Weidedraht steigen, das hier nicht wie sonst üblich, für Wanderer tiefer gelegt wurde. Ich steige am Abhang über den Draht, da ist der Zaun nicht so hoch und ich komme ohne den Draht zu berühren, gefahrlos darüber hinweg. Auf einem Steg geht es über den Bach und auf der anderen Seite wie gehabt weiter. Wie viel Kraft das Wasser hat, sieht man auch hier. Es geht über mehrere Wasserläufe. Manchmal ist der Weg weggespült worden und es geht an anderer Stelle weiter. Ich bleibe oft stehen und schaue zurück, um nach den Männern Ausschau zu halten. Soweit das Auge reicht, keine Menschenseele. Naja, ich versuche mir auszurechnen, wann sie mich in etwa erreichen würden und komme zu dem Schluss, dass es noch eine ganze Weile dauern dürfte, bis ich sie sehen kann. Aber was ist mit den beiden jungen Männern? Ja, die starten auch nie so früh, wie sie mir erzählt haben, aber die sind flott zu Fuß und müssten eigentlich bald zu sehen sein. Doch was soll's? Grübeln nutzt nichts!

Weiter geht es stetig bergauf, immer durch Wiesen mit Sumpfdotterblumen und anderen Gewächsen. Einfach nur schön die Natur mit ihrer Vielfalt, auch im Regen. Nur Orchideen kann ich nicht entdecken. Ich mache viele Fotos. Die Schuhe sind noch nicht durchgeweicht, obwohl sie ständig durch tropfnasses Gras stapfen, das bis auf den Trampelpfad ragt. Dann endet der Weg an dem verharschten und schmutzigen Schneefeld, das ich bereits seit Betreten des namenlosen Tals am Talende sehen konnte. Ich steige an der rechten Seite vom Schneefeld über Schotter hinauf, ohne Zeichen zu finden. Zurückblickend sehe ich dann den Weg auf der gegenüberliegenden Seite und wechsele über das Schneefeld, nur eben weiter oben. Nun, die Männer nach mir werden es schon finden, denke ich. Sie hatten ja gestern Abend ihrer Freude Ausdruck gegeben, dass sie nur meinen Spuren folgen brauchen, weil ich ja das Navi habe und garantiert den richtigen Weg finde.

Dann beginnt der erste Schnee auf den Gräsern und auch das Nasse von oben wechselt seine Farbe in Weiß. Es ist eigentlich nicht kalt zum Laufen. Das langgezogene Tal ohne Namen endet glaube nie! Immer noch eine Kurve und noch ein… Ich kann weit zurück blicken, sehe aber niemanden hinter mir her kommen. Haben es sich die Brüder etwa anders überlegt? Die beiden Freunde fehlen ja auch noch! Aber so oft ich auch schaue, es folgt mir niemand. Ein letztes Mal schaue ich zurück, ehe ich nach einer Wegbiegung nach rechts das Tal aus den Augen verliere.

Es wird immer schwieriger, den Weg und die dazugehörigen Markierungen zu finden. Dann hören sie ganz auf, weil alles von Schnee bedeckt ist. Ich setze den Rucksack ab und krame mein Navi hervor. Ein Wegweiser sagt mir, dass es immer noch eine Stunde bis zur Gliederscharte ist. Es ist 10.20 Uhr, also bin ich schon fast vier Stunden unterwegs. Bis zur Scharte sollte man 4,15 Stunden benötigen. Naja, mit fünf Stunden hatte ich ohnehin gerechnet, aber nun wird es sicher 12.00 Uhr werden.

Laut Navi weiß ich zumindest, in welcher Richtung die Scharte liegt. Meine Gedanken verselbständigen sich immer wieder und wandern zu den vier Männern, die hoffentlich bald auftauchen werden. Bei dem Schneckentempo kann es eigentlich nicht mehr lange dauern. Nur kann ich jetzt leider nicht mehr zurückschauen. Das Tal liegt hinter der Biegung.

Es geht steil bergauf. In der Ferne entdecke ich Gämsen am Fels. Ich bleibe lange stehen, beobachte die zwei Gruppen, jeweils 5 Tiere stark, wie sie mühelos die Felsen hinauf springen. Dann beobachten sie mich von oben. Ein lustiges Bild und ich frage mich, was sie wohl über so eine Gestalt denken.

Ich ziehe weiter bergauf, nur viel langsamer als diese Bergtiere. Und dann ist einfach nur noch alles weiß, mittig eine weiße Schneerinne, links und rechts schauen schwarze Felsen aus dem Schnee. Im Buch steht dazu: Am Ende haben wir die Schutthalde erreicht, die hinauf zur Scharte führt. Nach dem Prinzip: zwei Schritte vor und einen zurück geht es das Schuttkar hinauf zur windigen Gliederscharte (2644 m)". Der Weg verläuft wohl in der Mitte, also in der Schneerinne. Aber im Schnee sinke ich dauernd ein. Da wäre mir der Marsch laut Beschreibung im Buch zehn Mal lieber, dann wüsste ich wenigstens, dass ich richtig laufe und wo der Weg langgeht. Nun bin ich mir fast sicher, zu erahnen, welche Vertiefung zwischen den fernen Hügeln die Gliederscharte sein soll. Der Hang auf der rechten Seite der Schneerinne sieht eigentlich ganz harmlos und nicht so steil aus. Aber so wie oft im Gebirge verschätze ich mich da gehörig.

Was von weitem wie ein Schotterhang aussah, entpuppt sich als echte Herausforderung. Nachdem ich ein fast ebenes großes Schneefeld und den ersten Steinberg erklommen habe, staune ich nicht schlecht. Ich stehe erneut vor einem breiten Schneefeld, hinter dem der nächste schwarze Schotterhang auf mich wartet. Oh je, wo lang gehen? Ich halte mich rechts und mache einen weiten Bogen, um in der Nähe von Fels und Steinen zu bleiben, denn hier ist der Schnee nicht so tief. Trotzdem versinke ich manchmal bis an die Knie im Schnee. Nach diesem zweiten riesigen

Schneefeld bin ich ganz schön geschafft und verschnaufe im Stehen auf festem Untergrund. Es schneit und der Wind pfeift um den Kopf. Ich habe schon lange die Kapuze auf und den Reißverschluss bis unters Kinn geschlossen. Seltsamerweise brauche ich meine Handschuhe nicht. Suchend schaue ich wieder zurück, aber kein Mensch in Sicht, Tiere übrigens auch nicht. Mann oh Mann, wo bleiben die denn?

So langsam spüre ich Ungeduld in mir aufkommen. Doch die hält nicht lange an, weil ich mich wieder der Herausforderung des Kraxelns stellen muss, denn zum lang Verweilen ist es zu ungemütlich. Also weiter bergauf, vorsichtig und bedächtig, um nicht zu fallen.

Ich habe den Steinhügel geschafft und stehe vor dem nächsten weißen Feld. Oh nein, ich kann es nicht glauben. Ich zücke meinen Fotoapparat um nachzusehen, wie das Ganze von weitem ausgesehen hat. Eine schräge Ebene, nur mäßig steil, mit Steinhaufen quer durchzogen, vollkommen unspektakulär. Zumindest auf dem Foto! Das Leben belehrt mich wieder mal eines besseren… Ich mache einige Fotos, wenn ich den Apparat nun schon mal in der Hand habe. Schwups ist er in der Hosentasche verstaut und weiter geht's.

Und wieder gehe ich in weitem Bogen nach rechts, um möglichst nicht so tief im Schnee zu versacken. Ich komme nur langsam voran, auch auf den Steinhügeln, denn sie sind steiler als ich dachte. Ich hatte zwar gehofft, dass ich nun mal eine lange Zeit kletternd über Steine balancieren kann, denn da sinke ich wenigstens nicht immer so tief im Schnee ein. Nun bin ich ernüchtert, als ich wieder vorm Schneefeld stehe. Links von mir, in der Schneerinne, hatte ich bereits von weiter unten einen Holzstecken erspäht, von dem ich annahm, dass es sich um eine Markierung handelt. Je höher ich nun komme, desto besser kann ich erkennen, dass es wirklich eine Markierung ist.

Ich steige und steige und steige, komme aber dem höchsten Punkt, der bei 2644 m liegt, nur unendlich langsam näher. Auf den Schneefeldern versinke ich manchmal bis über die Knie im Schnee. Und es ist schwierig, da immer wieder heraus zu kommen. Wenn ich einen Schotterhaufen geschafft habe und vor dem nächsten Schneefeld stehe, schaue ich mich um und suche die Richtung, aus der ich komme, nach Menschen ab, immer wieder erfolglos. Nun müssten sie aber wirklich bald kommen!

Es weht ein schneidend eisiger Wind, der die Schneeflocken auf der Gesichtshaut stechen lässt. Da wo ich verharschten Altschnee erwische und der Wind den Neuschnee drüber weg gefegt hat, lässt es sich verhältnismäßig gut steigen. Alles andere ist jeder Schritt Risiko pur. Ich erreiche die Höhe von 2600 m und stehe vor dem, was weiß ich wievielten Schneefeld, das auch noch sehr steil ist. So langsam mache ich mir

Sorgen, denn jeder Blick zurück sagt mir, dass niemand folgt, soweit ich hinab gucken kann, keine Bewegung, kein Mensch. Was ist, wenn die andere Seite noch schlimmer aussieht und ich dort mutterseelenallein hinunter muss? Was ist, wenn mir was passiert? Aus einem unerfindlichen Grund kommen die Männer nicht hinter mir her. Sie müssten mich doch eigentlich bald eingeholt haben. Hat sie jemand gewarnt und sie sind erst gar nicht gestartet? Ich wage mich nicht weiter, weil das Schneefeld recht steil und breit ist. Es ist 11.30 Uhr. Ich würde ja noch ein Weilchen hier abwarten, ob die Männer nicht doch noch kommen, aber es schneit und der Wind beißt in die Haut. Zusätzlich kommt immer wieder Nebel auf.

Ich entschließe mich schweren Herzens zur Umkehr. Ich steige ab und bin erstaunt, dass meine eigenen Spuren an manchen Stellen schon zugeweht sind. Ich mache einen Bauchklatscher, weil ich vom Stein abrutsche und nach vorne falle, zum Glück aufs Schneefeld, ohne den Hang hinab zu rutschen. Ich rappele mich hoch und bin endgültig davon überzeugt, dass es das einzig Richtige war, umzudrehen. Als es nicht mehr so windig ist, bleibe ich erneut abwartend stehen. Keine Spur von folgenden Menschen. Mittlerweile kann ich wieder die Biegung sehen, hinter der sich das Tal verbirgt. Ich freunde mich schon mal mit dem Gedanken an, in Stein noch einmal zu übernachten und dann morgen nach Hause zu fahren.

Ich stehe eine Weile abwartend da und dann traue ich meinen Augen nicht. Da kommen doch tatsächlich zwei Gestalten um die Ecke. Der erste hat mich entdeckt und winkt. Dann kommt der zweite Mann um die Biegung. Es sind die Brüder, die nun doch kommen. Ich warte weiter ab. Ich könnte ihnen auch entgegen gehen und sagen, dass es keinen Zweck hat, dann bräuchten sie nicht bis hier herauf zu mir zu steigen. Aber wer weiß, ob sie mir glauben würden. Auch der Zweite winkt von weitem und sie freuen sich, als sie mich erreichen.

Natürlich glauben sie mir nicht so recht, denn der Berghang sieht wirklich einfach aus. Ich erkläre ihnen den Weg und die Schwierigkeiten und wie weit ich gewesen bin. Der jüngere Bruder würde umdrehen, der Ältere will es wissen. Ein wenig Sicherheit bietet zumindest mein Navi. Sie wissen von meinen Erzählungen gestern Abend, dass es mich schon mehrmals davor bewahrt hat, vom Weg abzukommen.

Also steige ich erneut mit ihnen hinauf, mit dem Kompromiss für Roland, wieder umzudrehen, wenn es wirklich so sein sollte, wie ich es ihnen erzähle. Es ist bereits fast zwölf Uhr. Die Quälerei beginnt für mich von neuem. Ich gehe in der Mitte und da Helmar in etwa meine Spuren noch erkennt, ist es etwas einfacher für ihn, als es für mich war. Roland ist nicht gut drauf. Er hat sich bei den Unterberghütten eine Zerrung im Oberschenkel zugezogen, weil er eine Stufe hinunter gesprungen ist. Er sagt, bergauf geht noch besser, als bergab. Aber wir müssen ja auf der anderen Seite wieder runter, und das nicht wenig.

Sie vertrauen meinem Navi, ohne das ich noch nicht mal soweit hinauf gekommen wäre. Dann stehen wir da, wo ich vorhin war und umgedreht bin. Roland ist nicht abgeneigt, auch umzudrehen, weil das Schneefeld wirklich steil und bedrohlich lang aussieht. Man weiß ja nicht, was drunter ist. Jeder von uns hat schon mehrfach im Schnee gesteckt, Helmar ist schon gestürzt, nach hinten vom Felsen runter gefallen, ohne sich zu verletzen.

Wir sind fast oben, sagt Helmar und ich ahne, dass er das Schicksal herausfordern möchte. Nochmal umdrehen mag ich verständlicherweise auch nicht. Also entschließe ich mich, voran zu gehen, ehe vielleicht Roland doch noch seinen Bruder zur Umkehr bewegt. Ich trete Stufen in den Schnee, unermüdlich Stück für Stück, immer höher hinauf, so dass sie mir nur die Treppe hinauf folgen müssen. Zwischendurch bleibe ich stehen und fotografiere die beiden Gestalten hinter mir und hoffe, dass irgendein Foto die Steigung abbilden wird.

Dann kommt wieder ein Felshaufen, dahinter das nächste Schneefeld, das allerdings nicht so steil, dafür aber tief ist, weil der Wind hier den Neuschnee zusammengefegt hat. Ich marschiere weiter und sie wollen es wissen. Dann kann ich meinen Augen nicht trauen. Kurz vor der Scharte liegt wenig Schnee und man kann wieder den Weg erkennen. Ich rufe ihnen zu, da sie weit hinter mir sind, dass wir auf dem Weg sind und sie freuen sich und beglückwünschen mich und ernennen mich als ihren Sherpa. Ich muss ihnen mal erklären, dass Sherpa kein Führer, sondern ein Volksstamm ist.

Und dann stehe ich oben und sehe das, was sie noch nicht sehen und sicher auch nicht wissen wollen: Weiß in Weiß, alles nur weiß, oder besser gesagt grau. Ich habe das schon mal auf dem Torjoch gesehen. Du siehst nicht, wo der Schnee endet und der Himmel beginnt. Wohin soll man sich hier wenden? Ich laufe zur linken Seite, weil dort ein hoher Stein steht. Das ist aber keine Markierung. Ich gehe zurück zur Mitte, zu ihnen. Geistreicherweise steht hier auf der Scharte nur ein Schild, und das zeigt hinunter nach Stein. Und wo, bitteschön, ist der Wegweiser nach Pfunders? Die beiden sind ebnso ratlos, wie ich. Im Buch steht: „Nach der Scharte halten wir uns links im sich öffnenden Hochtal…". Aber da ist zu viel Schnee, wir sacken sofort ein. Wir können kurz beim Vorwärtsgehen erkennen, dass wir auf einem Schneefeld stehen, dass nach vorn abfällt. Also wenden wir uns nach rechts, um erst Mal von der Kante des Schneefeldes weg zu kommen.

Wir queren einfach so flach wie möglich den Hang nach rechts, damit das Schneebrett nicht abbricht, wenden uns dann unter dem Schneebrett nach links und ziehen langgezogene Serpentinen bergab. Klar ist uns, dass wir dadurch natürlich länger brauchen werden, aber lieber immer langsam Höhenmeter für Höhenmeter tiefer, als mit einer Lawine ganz schnell nach unten.

Helmar geht vorneweg und ich dirigiere mit meinem Navi immer von hinten, welche Richtung er einschlagen muss. Als wir rund hundert Meter von der Scharte entfernt sind und der Wind uns nicht mehr so sehr den Schnee um die Ohren peitscht, schaue ich auf die Uhr. Es ist 14.10 Uhr, also waren wir um kurz vor zwei auf der Gliederscharte. Wahnsinn, denn von der Scharte hinunter sollen es laut Buch nochmal 3,5 Stunden sein. Und bei unserem Schneckentempo sicherlich beachtlich mehr.

Roland muss sehr langsam gehen, aber schneller ginge es ohnehin nicht, denn oftmals sacken wir knietief und noch tiefer im Schnee ein. Manchmal erwischen wir eine Altschneedecke, die verharscht und fest ist, so dass das Laufen etwas einfacher ist. Ich lasse Helmar immer die nächst gelegenen Steine ansteuern und von dort peile ich jedes Mal unsere Lage und wohin wir uns am besten wenden, um nicht allzu weit vom Weg abzukommen. Außerdem müssten wir schon längst den Grindler-See sehen, der laut Buch „türkis schimmern" soll. Na heute bestimmt nicht. Roland fällt manchmal recht weit zurück, so dass wir stehen bleiben und auf ihn warten.

Dann sehen wir wirklich kleine Flecken Wasser, aber der See muss eigentlich beträchtliche Ausmaße haben. Laut Navi müssen wir uns immer noch weiter rechts halten, was mir aber zu gefährlich erscheint. Der Weg führt am See entlang, aber da wir nicht wissen, wo das Ufer ist, beschließen wir, uns lieber etwas mehr links zu halten. Ich sehe ja immer, wo unser Weg verläuft, und da wir sowieso über Schnee laufen, ist es egal, ob wir über Wiesen oder Fels gehen. Übrigens marschieren wir laut Buch geradewegs „über blühende Almwiesen mit Moosen, Flechten, Polsterpflanzen und Feldern von Wollgras", echt komisch, so was zu lesen. Vielleicht in vier Wochen.

Wir machen auf Steinen, also im sicheren Stand eine Verschnaufpause. Nur Roland setzt sich auf einen Felsbrocken, um auszuruhen. Es ist bereits 15.30 Uhr vorbei. Ich habe vom Mittwoch, von der Lizumerhütte noch eine Butterbrothälfte, von der ich die Rinde rundherum abknabbere. Das andere mit der Butter werfe ich weg, weil es mir zu heikel ist, Butter zu essen, die schon zwei Tage im Rucksack mitgewandert ist. Ich verspüre weder Hunger noch Durst, obwohl ich bis auf die Brotrinde immer noch nüchtern bin. Ich trinke ein paar Schlucke Wasser, die ersten, seit den Unterberghütten um kurz vor neun.

Dann heißt es im Buch, dass wir den Abfluss des Sees auf einem Steg überqueren sollen. Toll, wo ist das Ende vom See und wo können wir sicher den Schnee überqueren, ohne im Wasser zu landen. Wir gehen so weit wie möglich weiter und sehen auf der anderen Seite bereits am Felsen die Zeichen, wo wir sein sollten. Wir suchen die schmalste Stelle und queren einer nach dem anderen vorsichtig stapfend den Schnee und hoffen, dass genug Altschnee drunter ist, damit die Decke dick und fest genug ist. Helmar geht vorneweg, stochert mit den Stöcken und macht Schritt für Schritt, vorsichtig und langsam. Dann folge ich und als Letzter Roland. Er ist sicher fix und fertig, hält sich aber gut.

Wohlbehalten kommen wir auf der andere Seite an und was etwas beruhigend ist: Wir sind auf dem markierten Weg. Aber dass der Schnee endlich aufhört, dieser Wunsch wird uns noch nicht erfüllt. Die Männer sind genauso glücklich wie ich, dass wir dank meinem Navi bis hierhergekommen sind und wissen, dass wir richtig sind. Ich habe gesagt, ich trinke heute Abend Rotwein, was allgemeine Zustimmung findet....

Und dann taucht vor uns das nächste Hindernis auf - eine Schneerinne. Ein steiles Schneefeld, das links von uns in ca. 5 m jäh endet, also dort die Felskante ist. Der Weg geht zu allem Übel am Ende des Schneefeldes gegenüber 2-3 m tiefer weiter, also müsste man auch noch schräg nach unten, was noch gefährlicher ist.

Wir beraten kurz. Roland ist es nicht geheuer. Aber ein Zurück gibt es jetzt nicht mehr. Also geht Helmar wieder vorweg zum Spuren. Er soll sich halbwegs gerade halten, nicht schräg nach unten auf die Fortsetzung des Weges zu, sondern lieber oberhalb vom Weg ankommen und dann auf Fels und Erde hinab auf den Weg steigen. Er macht seine Sache gewissenhaft und für Roland eine breite Spur, also mit beiden Füßen nebeneinander, immer den Schnee feststampfend, so dass wir eine halbwegs sichere Spur haben. Es klappt bei uns allen und wir kommen heil drüber. Nur Roland hat mit dem kleinen Abstieg auf den Weg Schwierigkeiten. Es ist eben steil und mit dem Schnee auf Fels und Erde ist es schwierig, einen sicheren Stand zu bekommen.

Wir umrunden einen Berg und verlieren nun gänzlich den zurückgelegten Weg, das Hochtal mit dem See aus den Augen, haben dafür nun einen weiten Blick in das sich öffnende Tal. Doch der Schnee endet noch lange nicht. Immer wieder liegt der Weg unterm Schnee verborgen. Die nächste Schneerinne umgehen wir weiter unten, denn schließlich ist es hier egal, weil wir den Weg als Trampelpfad weithin sehen können, da wo er nicht gerade mit Schnee bedeckt ist. Jeder sucht sich nach seinem Belieben einen Weg. So nehmen wir den Wiesenhang vor uns in Angriff, an dem entlang wir allmählich tiefer steigen müssen.

Und immer wieder Schnee, auch ältere Schneelawinen mit Neuschnee überpudert. Zum Hohn kommt nun auch noch die Sonne raus, was allerdings die Schneeflocken wenig beeindruckt. Sie tanzen munter weiter.

Wir erreichen eine Markierung mit HW und laut Buch ist es der Pfunderer Höhenweg, den wir eigentlich kreuzen müssen. Helmar geht schon mal den Weg nach links, den Berg hinab. Ich lese nochmal nach und suche nach unseren rot-weißen Strichen. Der Höhenweg hat nämlich Kreise. Roland muss mal kurz ruhen, während ich suche und Helmar absteigt. Ich rufe ihm zu, dass er sich weiter links halten muss, um wieder auf unseren Weg zu kommen. Auch er findet dann die richtigen Markierungen wieder und wir treffen uns eine Etage tiefer wieder zusammen.

Wir haben wirklich schöne Ausblicke ins „grüne Weitenbergtal". Die Sonne scheint, aber vor uns über den Bergen türmen sich dunkle Wolken auf und es schneit, trotz Sonnenschein. Wir sind laut Navi immer noch 2250 m hoch, was die Männer nicht recht glauben wollen. Aber es muss ja in etwa stimmen, denn von der Oberen Engbergalm, die auf 2123 m Höhe liegt, ist noch nichts zu sehen. Sie muss irgendwo unter uns und dem Abhang liegen.

Und endlich! Wir schauen aufs Dach der Oberen Engbergalm. Von viel weiter oben hatten wir auf der Straße aus dem Tal herauf ein Auto fahren sehen, das nun hier bei der Alm steht. Das könnte für Roland das Ende seiner Qualen bedeuten, wenn sie dem Mann gute Worte geben, dass er ihn hinunter fährt, und uns vielleicht mit.

Zu früh gefreut: Die Alm ist leer, niemand, außer Tiere sind hier anzutreffen. Helmar und ich stromern umher, schauen in jede offene Tür, zu Fenstern hinein, doch ohne jemanden zu entdecken. Aber theoretisch muss jemand vor dem Dunkelwerden wieder zurückkommen und die Tiere einsperren.

Dann geselle ich mich zu Roland an den Tisch und zünde mir die erste Zigarette des Tages an. Auf die gelungene Wanderung sozusagen! Ich bin froh, dass ich sitze, Roland auch. Er hat Käse, Salami und Brot dabei und ich esse nun doch ein wenig, da wir ja hier keinen „kleinen Plausch mit dem Senner" machen können und wohl auch nichts zu Essen oder zu trinken bekommen werden. Nun ja, die Männer haben zum Glück Essen dabei. Ich hätte zur Not immer noch zwei Müsliriegel. Also verhungert wäre ich auch nicht.

Ich trinke meine 0,5 l Wasser aus, nicht viel, ich weiß. Aber wenn ich bis hierhin gekommen bin und mich top fühle, komme ich auch noch bis runter ins Tal. Aber der Käse und das trockene Brot munden hervorragend. Nun nehme ich es gewiss noch mit ein paar Höhenmetern auf.

Die beiden erzählen nun, dass sie ein wenig gemogelt haben. Sie haben sich doch tatsächlich bis zur dritten Kehre vom Sohn der Wirtin mit dem Auto fahren lassen! Was für ein Glück für mich, für uns und unsere Tour. Denn wären sie gelaufen, wären sie verständlicherweise noch gut mehr als eine halbe Stunde später zu mir gestoßen. Das heißt, ich wäre noch weiter abgestiegen und wahrscheinlich unterhalb der Schneegrenze auf sie gestoßen. Und ob ich dann noch einmal mit aufgestiegen wäre? Ich weiß es wirklich nicht. Sie wären sicherlich weiter gegangen, denn der Ernst der Lage wäre ihnen erst beim ersten Schneefeld klar geworden. Vielleicht hätten sie es noch weiter probiert, um dann resigniert doch umzudrehen. Denn sie hätten irgendwann gemerkt, dass es ohne Navi keine Anhaltspunkte für den Weg gibt und meine Spuren wären schon verweht... Also gut so, dass sie sich das Privattaxi genommen haben. Allerdings sagen sie, hatte der Sohn kein Fable fürs Wandern und demzufolge konnte er sie auch nicht warnen, was wiederum positiv für mich war, sonst wäre ich ja abgestiegen, ohne auf sie zu treffen. Und wer weiß, ob ich sie überhaupt wiedergesehen hätte. Sie wären dann bestimmt nicht in Stein geblieben, um auf mich zu warten. Sie hätten sicher nach intensiver Beratung den nächsten Bus genommen. Wohin? Sie können es nicht sagen und ich hätte es sicher auch nie erfahren! Also so, wie es gekommen ist, hat es sein sollen und ist gut so!

Hier oben hausen Schweine, Hühner, Puten, Gänse und eine einsame kleine Ente. Nur einen Bauern finden wir nicht. So langsam wird es uns durch den Wind kalt und wir entscheiden uns um 17.15 Uhr, aufzubrechen. Egal wie lange es dauern mag, wir werden hinunter nach Pfunders kommen.

Wir haben leider keinen Handyempfang, sonst hätte Roland versucht, über den Gasthof ein Auto zu organisieren. Also müssen wir zumindest so weit laufen, bis wir Handyempfang haben. Aus Rücksicht auf Roland marschieren wir langsam und gemütlich, erfreuen uns am Sonnenschein und an den Alpenrosen, die so langsam zu blühen beginnen. Wir haben nach einer viertel Stunde noch nicht die erste Kehre erreicht, da kommen uns zwei Männer entgegen. Das muss der Bauer sein, dessen Auto auf der Alm steht. Tatsächlich! Die Brüder fragen und ich halte mich zurück.

Sie waren unten bei den Tieren, entschuldigt sich der Almwirt, was er ja nicht muss. Er ist uns schließlich keine Rechenschaft schuldig! Er kann es gar nicht fassen, dass wir über die Gliederscharte gekommen sind. Da geht nichts, sagt er! Er war gestern selber ein Stück weit rauf und da liegt noch viel zu viel Schnee und täglich hat's neuen Schnee gegeben. Und wie zur Bestätigung fallen weiße Flocken.

Der See ist noch vollkommen zu, sagt er. Auch das können wir bestätigen. Und wir erzählen ihm von unserem Auf- und Abstieg, wieviel Schnee tatsächlich dort oben liegt, wie die Witterung war und dass wir nur wegen dem Navi den Abstieg gewagt haben. Sonst wäre es unmöglich gewesen, denn es gab bis weit hinunter überhaupt keinen Anhaltspunkt.

Es sei lebensgefährlich gewesen, was wir da gemacht haben und auch ein Stück weit Leichtsinn. Bisher ist nur ein Wanderer drüber weg gekommen, vor drei oder vier Tagen und der war anders gegangen. Seitdem hat es so viel geschneit, dass da kein Mensch drüber kann. Außer wir! Ich bin ganz ruhig und realisiere nun wohl erst richtig, in welcher Gefahr wir uns befunden haben. Dass sich unterwegs keine Angst entwickelt hat, ist sicherlich meinem Schutzmechanismus zugute zu halten, mit dem ich mich schon lange gewappnet habe, eigentlich seitdem ich allein wandere. Angst ist ein schlechter Berater in kritischen Situationen, da muss man rational denken können.

Die Männer erwähnen auch, dass eigentlich im Buch steht, dass man Brotzeit bei ihm machen kann, deswegen haben wir uns so sehr darauf gefreut. Es ist noch keine Zeit dafür, sagt er. Es wandert noch keiner. Und eigentlich kommen hauptsächlich nur Venediger vorbei. Dass andere Wanderer aus dem Tal eine Tagestour hinauf machen, ist eher selten.

Roland, oder war es Helmar, jedenfalls fragt einer der beiden Männer, ob der Bauer dann gleich runter fährt in den Ort. Eigentlich wollte er nicht, aber als dann die Zerrung von Roland ins Feld geführt wird, beschließt der Vater, dass der Sohn ja mit dem Auto runter fahren kann und er würde dann mit dem Motorrad nachkommen. Das ist ein Wort und echt ein Liebesdienst für einen fußlahmen Wanderer, wovon auch die beiden Mitwanderer profitieren. Mir tut nichts weh und ich könnte sicher noch den Rest der Strecke locker laufen, oder es ist noch das Adrenalin, was mich das glauben lässt, jedenfalls freue ich mich trotzdem und würde lieber fahren als laufen. Wir sagen, dass sie erst ihre Arbeit machen sollen, wir würden schon mal langsam weiter bergab gehen und er könne uns ja nicht verfehlen, denn es gibt nur diese Straße. Wohl wahr!

Wir wandern wirklich langsam weiter bergab. Ist die erste Teilstrecke bis zur Kehre noch recht steil, wird es dann angenehmer für die Beine, nachdem wir über einen Steg den Bergbach überquert haben. Die Fahrzeuge müssen weiter oben durch das Wasser fahren. In diesem windgeschützten Anfang des Tales, oder Ende, je nachdem wie man es betrachtet, ist es relativ windstill und die Sonne scheint. So macht wandern Spaß. Roland sagt nichts, humpelt auch nicht, sondern läuft gut mit. Er äußert sich auch nicht dazu, wenn wir ihn fragen, ob es noch geht.

Ich fotografiere die Landschaft. Die Sonne taucht alles in angenehmes Licht und der Schnee ist so weit weg. Jeder von uns dreht sich mal um, um zu schauen, ob sich vielleicht das ersehnte Fahrzeug nähert.

Über den Bergen vor uns türmen sich ruck zuck dunkle Wolken auf. Und man glaubt es kaum, aber es ist wahr: Es schneit wieder. Vor uns die dunkle Seite der Berge, auf der anderen Seite, also in unserem Rücken scheint die Sonne. Das Naturschauspiel dauert nicht lange, aber der Wind bläst plötzlich sehr kalt von vorn, so dass ich im Nu kalte Hände habe. Echt unangenehm. Aber nach einer Weile kommen wir um die nächste Biegung und es wird erträglicher.

Wir sind fast an der Unteren Engbergalm, da kommt endlich das langersehnte Auto. Also sind wir trotzdem noch fast eine Stunde gelaufen. Ich bin zwar noch nicht so geschafft, dass ich unbedingt eine Fahrgelegenheit bräuchte, aber Roland merke ich es schon an, dass er nur darauf wartet, endlich nicht mehr laufen zu müssen, obwohl er sich nicht beklagt. Aber wir alle drei haben uns oft genug sehnsuchtsvoll danach umgesehen.

Erstaunlicherweise ist der Vater doch dabei. Er will mitfahren, um sein Motorrad zu holen und dann wieder hinauf zur Alm fahren, um seine Arbeit zu Ende zu machen. Es ist 18.10 Uhr und wir setzen die Wanderung auf vier Rädern fort. Die Strecke zieht sich ja unendlich, bis wir zur Teerstraße kommen.

Die Männer unterhalten sich. Der Bauer erzählt und ich bin still, höre zu und fotografiere. Es gibt ja allerhand zu sehen. Diese Abhänge, die Wiesen, die Kühe, die Straße und ihre Streckenführung, die Felsen, das Bergwasser schäumend in seinem Bett und dazu die unterschiedlichen Lichtverhältnisse, mal mit und mal ohne Sonne. Der Bauer erklärt uns an einer relativ neuen Brücke, dass hier eine Mure Weg und Brücke zerstört hat und dass es laufend zu solchen Abgängen kommt und die Straße dann wieder hergerichtet werden muss. Wir erfahren einiges über die Almwirtschaft, wie viele Tiere sie selbst oben haben und wie das mit der Weidezeit abläuft. Die Schafe sind schon recht lange droben, sagt er und fragt, ob sie uns begegnet sind, was wir bejahen können. Dieses Jahr haben sie keine Pferde mit oben und die Kühe sind noch nicht lange auf der Alm. Und bei allen Tieren kommt es darauf an, welche Temperaturen sie von Stall und Hof gewöhnt sind. Manche haben jetzt erst ihre Kühe hoch gebracht.

Und wie abgesprochen sehen wir, dass weiter unten gerade Kühe den Berg herauf kommen. Der Vater erklärt seinem Sohn, wie und wo er ausweichen kann, was gar nicht so einfach ist. Dann ziehen 6 Kühe an uns vorbei, gefolgt von zwei Männern. So spät wie in diesem Jahr ist eher selten. Aber es unterstreicht all das, was er uns von dieser Almsaison bisher erklärt hat. Drei Mal muss der Bauer aussteigen, um für das Fahrzeug das Gatter zu öffnen, einmal wegen den entgegenkommenden Kühen anhalten und einmal, weil ein Kettenfahrzeug mit Bagger erst den Weg frei machen muss.

Dann, als wir die Teerstraße erreichen, müssen wir nochmal wegen einem Traktor warten. Das Motorrad vom Bauern steht hinter einem Felsen. Damit wird er jetzt wieder hinauf fahren und später, wenn er all seine Arbeit erledigt hat, damit den Berg runter kommen. Ich war davon ausgegangen, dass sein Motorrad bereits oben ist.

Oh je, wir sind glücklich, dass wir das nicht laufen müssen. Um 18.45 Uhr erreichen wir den Gasthof und werden schon erwartet. Die Gastwirtin freut sich, dass die zwei angekündigten Männer gut angekommen sind. Von mir weiß sie ja nichts. Helmar und Roland hatten gebucht und versprochen, sich auf jeden Fall zu melden, wenn sie nicht kommen sollten. Und da es schon so spät ist und die Männer weder da noch abgemeldet sind, war sie schon in Sorge. Nun ist alles gut! Und auch sie kann nicht glauben, dass wir über die Gliederscharte gekommen sind.

Sie hat für mich auch noch ein Zimmer, verschwindet kurz und dann holt sie uns, um uns unsere Zimmer zu zeigen. Die Männer sind im 1. Stock und ich im 2. Wir vereinbaren für 19.30 Uhr das Abendbrot. Alles kein Problem, wir sollen uns ruhig Zeit lassen. Ich habe eiskalte Füße, aber erst, seitdem ich im Auto saß. Oh tut das gut, eine heiße Dusche für die Füße. Erst als sie warm sind, kommt der Rest dran. Oh tut das gut!

Ich ziehe mich dick an, nehme Fotoapparat, Buch, Laptop und Geld mit und marschiere in die Gaststube. Ich nehme den Ecktisch geradeaus, weil ich die Erste bin. Ich bestelle mir ein Radler, schließlich habe ich Nachholbedarf. Roland kommt angestapft, frisch saniert und kurz drauf Helmar. Wir essen und reden viel über unseren Gewaltmarsch von heute. Ich habe mich für Spaghetti Bolognese entschieden und habe mächtig zu kämpfen, um die Portion zu schaffen. Wir sind alle drei zufrieden mit dem Essen, aber das ist ja kein Wunder: Wenn man Hunger hat, schmeckt alles!

Danach gönne ich mir einen halben Liter Weißwein, damit sie nicht zwei Mal laufen muss. Die Fotos vom Tag habe ich nebenbei auf den Laptop überspielt und wir schauen sie uns gemeinsam an. Wahnsinn! Nur schade, dass man das ganze Ausmaß auf den Bildern gar nicht so erkennen kann. Manche Fotos geben schon einige gefährliche Stellen wieder, aber ansonsten sieht alles harmlos aus und vor allem alles grau in grau. Nur wir, die wir den Weg gegangen sind, können erzählen, wie mühsam es war, über und durch den Schnee zu laufen, immer in der Gefahr, irgendwohin zu treten, wo man tief einsackt und sich vielleicht noch verletzt. Es war einfach nur unbeschreiblich, unsere Konversation dementsprechend gering, dazu noch die Sorge um Roland mit seiner Zerrung im Oberschenkel, so dass wir auch nicht wagten, schneller zu gehen. Denn wenn er nicht mehr weiter gekonnt hätte, wäre das für uns alle ein Problem geworden…

Ich schreibe an Susanne eine SMS, dass sie recherchieren soll, wie es auf den nächsten Hütten aussieht, vor allem Schlüterhütte und Grödnerjoch. Das hätte ich mir sparen können, denn die Wirtin gibt bestens Auskunft. Dass wir heil über die Gliederscharte gekommen sind, sei schon mehr als Glück und eher leichtsinnig und lebensgefährlich gewesen. Aber es wird nicht besser, auch wenn wir immer südlicher kommen. Selbst die Dolomiten haben die letzten Tage mehrfach Neuschnee gehabt. Morgen soll es zwar schön werden, aber es ist kein stabiles Hochdruckgebiet in Sicht, das dafür sorgen würde, dass der Schnee bald wegtaut.

Die nächste Etappe von hier bis zur Kreuzwiesen-Hütte sei kein Problem und wir hatten selbst schon bei der Rast auf der Oberen Engbergalm nachgeschaut, dass man zur Vereinfachung sogar bis Niedervinteln mit dem Bus fahren könnte und hätte somit nur noch den Aufstieg, der Roland sicherlich eher bekommen würde, als ein Abstieg. Außerdem liegt die Hütte noch unter 2000 m. Aber danach kommt am nächsten Tag ein Joch nach dem anderen bis hin zur Schlüterhütte. Danach folgt das Grödnerjoch und die Dolomiten kommen in Sicht. Und selbst mir leuchtet es ein, dass ich da nicht klettern kann, wenn es schneit oder noch viel Altschnee liegt. Meine Kinder rufen an und sagen dasselbe. Von allen die Auskunft: Schnee, Schnee, Schnee. Kreuzwiesen-Hütte kein Problem aber weiter zur Schlüterhütte unmöglich.

Hatte ich mich bis dahin schon mit dem Gedanken angefreundet, noch einen weiteren Tag, und dies bei schönem Wetter, zu wandern, macht uns die Wirtin klar, dass wir von hier aus eine ideale Verbindung zurück haben, die wir danach so schnell nicht wieder bekommen. Alle halbe Stunde geht vor dem Haus der Bus nach Vinteln, von da ein Anschlussbus nach Brixen und von dort alle zwei Stunden ein Zug nach München, Direktverbindung um 11.00 Uhr, um 13.00 Uhr und so weiter. Als die Brüder das hören, ist ihnen 13.00 Uhr gerade recht, weil, sie möchten ausschlafen und in Ruhe frühstücken und dann reicht eigentlich 13.00 Uhr. Naja, wenn ich aber bedenke, dass ich dann erst gegen 16.30 Uhr in München bin? Für mich schlecht, weil es dann noch gut drei Autostunden bis nach Kronach sind. Also frage ich die beiden Begleiter, ob sie auch den Zug um elf nehmen würden, dann wären sie auch zeitiger bei ihrer Schwester. Helmar sagt schneller zu als Roland, weil er gerne ausgiebig frühstücken möchte Dann stimmt er aber doch zu. Ich sage, wir können ja 7.50 Uhr unten sein zum Frühstück, dann ist es auch noch Zeit genug zum Frühstücken. Außerdem ist es nicht weit bis zum Bus, nur aus dem Gasthof raus stolpern. Also ist es abgemachte Sache: Wir nehmen den Bus um 8.30Uhr nach Vinteln, fahren weiter nach Brixen und nehmen den Zug um 11.00 Uhr nach München.

Wir unterhalten uns noch angeregt mit der Wirtin, diskutieren über die Tour und sind nach alledem froh, dass uns nichts passiert ist und wir gesund vom Berg gekommen sind. Ich finde es immer sehr witzig, wie die Brüder sich ab und an gegenseitig auf die Schippe nehmen. Laut Aussage der Wirtin hatte sie noch keinen Venedig-Geher in diesem Jahr hier zu Gast. Es hatten sich schon einige angemeldet, die dann allesamt nicht gekommen sind, manche abgemeldet, manche nicht. Dass die beiden jungen Männer, die im Gasthof Stein übernachtet haben, nicht kommen, sei nicht verwunderlich, weil die Wirtin im „Stein" übervorsichtig sei, erzählt sie. Selbst im Sommer würde sie vielen Wanderern abraten, wenn Regen vorher gesagt wird, was teilweise nicht unbedingt notwendig wäre. Denn wenn nicht gerade Gewitter gemeldet wird, ist die Scharte auch mit Trittsicherheit bei Regen gut zu passieren. Nun ist auch uns klar, wo die Männer abgeblieben sind. Uns hat keiner gewarnt. Ob wir das allerdings hätten hören wollen? Ich weiß nicht! Da alles gut gegangen ist, muss ich mir darüber keinen Kopf zerbrechen. Es sei, wie es sei…

Roland geht als erster und übernimmt die ganze Rechnung. Toll! Eine schöne Überraschung.

Helmar und ich erzählen noch bis 23.00 Uhr. Dann reicht es auch uns. Ich bin gut durchwärmt. Mein Gesicht brennt und ich weiß, dass ich mir auf dem Schnee einen Sonnenbrand im Gesicht zugezogen habe. Also noch einmal dick eincremen und ab in die Kiste.

Samstag, den 29.07.2013

Ich stehe um 7.00 Uhr auf und fühle mich gut. Ich kann mir gar nicht vorstellen, nicht mehr wandern zu gehen. Schade! Und wie zum Hohn scheint auch noch die Sonne. Aber die Wirtin sagte ja, dass es zwar schön werden würde, aber es kein beständiges Hoch ist. Ich packe alles in den Rucksack, auch die Stöcke, damit es in Bus und Bahn einfacher ist. Dann bleibt man nirgends damit hängen.

Und als ich um kurz vor acht in den Frühstücksraum komme, sitzen meine Wandergesellen schon am Frühstückstisch. Sie haben auch gut geschlafen und so macht es Spaß, genüsslich zu frühstücken. Nur das Brot behagt mir nicht so. Es scheint mit der Hand geschnitten zu sein, so dick wie die Scheiben sind. Das wäre es wieder für meinen Mann gewesen. Nun ja, einmal geht das. Ich esse ja nicht so viel. Ansonsten ist alles da, was man sich wünscht, sogar drei Sorten Kuchen. Die Angestellte versucht, im Kamin Feuer zu machen, was ihr nicht so recht gelingen will. Der Qualm wird bedrohlich dicht und wir rufen sie wieder hinzu. Schnell sind die Fenster aufgerissen, ehe der Qualm den ganzen Frühstücksraum ausfüllen kann.

Nach dem kleinen Missgeschick genießen wir weiter unser Frühstück. Mir ist allerdings der Kaffee zu stark und ich fülle ihn mit heißem Wasser auf. Wir bezahlen unsere Übernachtung und verabschieden uns von der Angestellten. Mit sehr viel Wehmut verlasse ich das Haus. Schade, dass meine Wanderung nun so endet. Aber was soll's? Es ist ja bis hierher schon nicht das gewesen, was es eigentlich sein sollte. Das Karwendel teilweise umgangen, die Tuxer Alpen und Zillertaler Alpen nur kurz besucht, Bus-, Zug- und Taxifahrten, die nicht geplant waren. So sollte mein Traumpfad nicht aussehen, obwohl es bis hierher Spaß gemacht hat, trotz aller Widrigkeiten!

Der Bus lässt auch nicht lange auf sich warten. Und da wir nicht genau wissen, welche Haltestelle hier vor dem Haus nun für uns ist, fragt Helmar einfach den Fahrer des ersten Busses, der gegenüber anhält. Er fährt erst noch in den Ort hinauf und kommt dann zurück. Das hatte uns die Wirtin gestern Abend auch gesagt, dass wir erst einsteigen sollen, wenn er von oben wieder runter kommt, weil wir sonst die Tour durch den Ort mitbezahlen müssten. Trotzdem lieber gefragt, als Bus verpasst.

Ich zahle 2,40 € und suche mir einen schönen Platz. Helmar erfragt alles. Wir müssen bis zur Endstation mitfahren, dann die Straßenseite wechseln und in den nächsten Bus nach Brixen steigen.

Gehört, weiter gesagt und getan. Wir müssen uns nur 15 min gedulden, ehe um 9.10 Uhr der Anschlussbus fährt. Zeit für eine Zigarette und Gespräche. Viele Leute nutzen den Bus nach Brixen. Und durch Helmar erfahren wir natürlich auch ganz genau, wo wir aussteigen müssen. Um 9.30 Uhr wollen wir am Bahnhof unsere Tickets kaufen. Helmar zuerst, weil er fragen möchte wegen der Bahncard und 50+. Ja, das wird anerkannt, aber sie sollen in der Bahn ihr Ticket lösen. Ich bekomme die Auskunft, dass es für mich 62,50€ kostet und dass ich auch im Zug lösen soll. Gut, wenn sie das sagt, mache ich das auch.

Was nun? Wir haben noch über eine Stunde Zeit, aber das Bahnhofsrestaurant erscheint uns nicht so geeignet, um sich wohl zu fühlen. Bei dem Wetter würden wir gerne draußen sitzen. Also marschieren wir los in Richtung Zentrum, schlendern im wahrsten Sinne des Wortes. Nur der Rucksack auf dem Rücken lässt diesen Ausdruck witzig erscheinen, denn schlendern oder bummeln kann man das ja nicht so recht nennen. Wir finden so was wie ein Schloss mit dem dazugehörigen Schlossgarten und Sitzmöglichkeit im Freien. Bei dem Wetter ideal.

So schön kann Urlaub sein! Latte Macchiato im Biergarten. Diesmal übernehme ich die Rechnung und bin perplex, weil alles zusammen nur 6,00 € inklusive Trinkgeld kostet. Die Kellnerin staunt nicht schlecht, dass wir uns wundern, dass der Kaffee so preiswert ist, wo doch die meisten Einheimischen zum Jahresanfang gemault haben, dass der Kaffeepreis pro Tasse von 1,00 € auf 1,20 € gestiegen ist. Übrigens, wenn man ihn drinnen am Tresen trinkt, ist er noch preiswerter, weil er dann nicht serviert werden braucht.

Um 10.35 Uhr machen wir uns auf den Rückweg zum Bahnhof. Ich kaufe mir dort noch Zigaretten, weil sie hier zwar teurer als in Österreich, aber noch billiger als in Deutschland sind. Und schon ist die Zeit um und der Zug nach München fährt ein. Wir suchen uns ein Abteil und schon geht's ab, in Richtung Brenner. Die Kassiererin lässt nicht lange auf sich warten. Die Männer zahlen jeder 39,50 € und ich bin erstaunt, dass ich statt 62,50 € am Schalter nur 58,50 € im Zug zahlen muss. Hat alles seine Richtigkeit, sagt die Zugbegleiterin. Vier Euro gespart. Vielleicht sollte ich deswegen im Zug bezahlen?

Die Fahrt vergeht wie im Flug. Wir unterhalten uns über dies und das und wir erfahren mehr übereinander, über unsere Familien und Bergtouren oder Reisen. Als wir über die Grenze sind, googelt Roland, findet auch meine Bücher bei Amazon und unsere Homepage vom Haus, wohl über die Bildersuchfunktion. Im Nu hat er sich Nepal und Jakobsweg bestellt und ich erzähle noch die Story von unserer Bergrettung. Naja, von der Venedig-Tour wird es ja nun leider dieses Jahr zu Weihnachten kein Buch geben. Was will man mit einer abgebrochenen 12tägigen Tour? Schade!

Das Wetter wird, je nördlicher wir kommen, immer schlechter. Zunächst sind es nur Wolken, dann auch Regen. Und so kommen wir bei relativ kühlen Temperaturen pünktlich 13.40 Uhr in München an. Theresa hatte mir geschrieben, dass sie im Stau stecken und dass sie erst später eintreffen werden. Und ich antworte ihr mit einem zwinkernden Smiley, dass ich nicht weglaufe. Den Brüdern gegenüber äußere ich, dass die SMS durchaus getürkt sein könnte, weil meine Familie gerne überrascht. Da ich aber niemanden am Bahnsteig sehe und auch nicht, als wir die Bahnhofsgebäude betreten, ist mir klar, dass es doch tatsächlich Stau gegeben haben muss. Macht auch nichts.

Wir verabschieden uns herzlich mit guten Wünschen und – wir bleiben in Kontakt. Dann stehe ich vor dem Haupteingang, schreibe dies an Theresa und schaue den Ankommenden, Abreisenden und Abholenden zu, wie sie hin und her eilen. Dann endlich kommen Theresa und Julian auf mich zu, ohne dass ich sie bemerkt habe. War wohl zu konzentriert beim Beobachten. Jürgen steht dahinter und fotografiert. Es ist echt kalt und Julian friert. Sie haben ihr Auto irgendwo um die Ecke geparkt und erzählen von der abenteuerlichen Fahrt durch die Stadt, mit Sperrungen und Baustellen und vom Stau unterwegs, der ihre Ankunft verzögert hat. Sie sind natürlich enttäuscht, dass sie nicht rechtzeitig da sein konnten.

So, wie alles bei der Tour etwas durcheinander geraten ist, so passt dies auch dazu. Wir streifen durchs Bahnhofsgelände, suchen ein Lokal, wo wir essen können und landen letztendlich bei Burger King, was ja auch nicht so schlecht ist. Um 16.00 Uhr starten wir die Rücktour. Unterwegs regnet es andauernd, auch das passt zur verkorksten Tour. Julian will viel wissen, bis er sich dann doch für eine DVD entscheidet. Um 19.00 Uhr fahren wir bei Susanne auf den Hof und sie treffen kurz nach uns ein, weil sie zu einer Geburtstagsfeier waren.

Dann beginnt das Erzählen und wir schauen auch Fotos an. Julian kann nicht genug kriegen von der Schneetour und immer wieder muss ich ihm erzählen, wie ich im Schnee gesteckt habe oder hingefallen bin.

Trotzdem ein komisches Gefühl, so früh wieder zurück zu sein. Die Tour abgebrochen, aufgegeben, aber nicht verloren!

Auf der Lizumer Hütte

Vom Hüttenwirt bekam ich auf der Lizumer Hütte am 25.06. den Wanderführer von Bruckmann und schrieb mir folgende Passage ab:

"Zwei Sorten von Menschen machen sich auf den Weg von München nach Venedig: die Puristen wollen die gesamte Strecke zu Fuß gehen. Hilfsmittel wie Busse oder Seilbahnen sind verpönt, sämtliche Auf- und Abstiege des Traumpfades über insgesamt 20000hm werden voll ausgekostet. Die Pragmatiker laufen, so weit es geht. Aber da, wo der Wanderspaß vielleicht durch die Umstände getrübt ist oder die körperlichen Belastungen zu groß werden, nehmen sie auch einmal eine Busstrecke und eine Seilbahnfahrt gerne in Anspruch. Ihnen kommt es nicht darauf an, wirklich jeden Meter zu Fuß absolviert zu haben.

Viele der Wanderungen führen durch wenig begangene Gebiete und auf große Höhen.

Ein Wettersturz im schwierigen Gelände und ein kleiner Ausrutscher reichen aus, um den Traumpfad zum Albtraum werden zu lassen."

(aus: Bruckmanns Wanderführer: Traumpfad München – Venedig; von Ludwig Graßler (Autor), Stefan Lenz (Autor), Eva-Maria Troidl (Autor); Auflage: 1 vom 18. Juli 2011)

Da ich zu der Zeit schon zum zweiten Mal von meiner Route abweichen musste, las ich diese Textstelle im Buch sehr aufmerksam und versuchte, mich in eine Kategorie einzuordnen. Eigentlich wäre ich ja gerne jeden Meter der gesamten Strecke zu Fuß gelaufen, aber hin und wieder eine Seilbahn zu benutzen, sehe ich nicht als dramatisch an. Und so, wie meine Wanderung bis dato gelaufen war, musste ich mich zu den Pragmatikern zählen, denn durch die „besonderen" Umstände war ich ja nun schon gezwungen gewesen, Teilstrecken motorisiert zurückzulegen.

Aber letztendlich musste ich mich für das Aufgeben entscheiden, kapitulieren vor der Natur, aber ohne mir ein Versagen eingestehen zu müssen. Es hat nicht an mir gelegen!

Und dass man auch das Aufgeben mit Würde tragen und ertragen kann, zeigte mir schon dieser Spruch, den ich auf dem Karwendelhaus in der Gaststube abgeschrieben habe:

<u>Umkehr</u>

„Wie oft bist du am Berg schon umgekehrt?
Es war nicht Feigheit, was der Berg dich lehrt!
Fällt auch dem Leichtsinn noch ein Gipfel in den Schoß,
doch im Verzicht zeigt sich der Meister groß!
Solang du lebst, führst mit dir selbst du Krieg,
sich selbst bezwingen – schönster Gipfelsieg!"

Rückkehr

Ich hatte mich entschlossen, niemandem außer unserer Familie sofort davon zu berichten, dass ich abgebrochen habe und am Samstag wieder in München war, quasi 13 Tage nach meinem Start. Susanne sollte nur eine SMS an alle weiterleiten: „Alles gut gelaufen. Gesund über den nächsten Berg gekommen. Der Marienplatz hat mich wieder." Sie sollten sich ihren Teil denken und es könnte ja gut möglich sein, dass es in dem Ort auch einen Marienplatz gibt. Es hat niemand hinterfragt.

Nun, ich wollte mich erst einmal selbst an den Gedanken gewöhnen. Die Familie tröstete mich, ich sei gesund zurück und das sei das Wichtigste. Ja, sie hatten ja Recht!

Langsam reifte dann eine Idee: Ich wollte Montagfrüh in Wanderkleidung mit gepacktem Rucksack an der Arbeit auftauchen und sagen, dass ich mich verlaufen habe. Und genauso tat ich es dann auch!

Montag, den 01.07.2013 fuhr ich zeitig an die Arbeit, parkte mein Auto in einer Seitenstraße, kam ungesehen in unser Heim, schlich mich zu Silke zum Büro und stand einfach nur da. Sie stand wie angewurzelt und war kurz sprachlos. War das ein herzliches Ankommen!

Genauso sprachlos waren alle anderen Mitarbeiter und Senioren, die ich zum Frühstück überraschte.

Natürlich versuchten mich alle zu trösten, lieber gesund zurück, als etwas anderes…

Und viele nutzten die Gelegenheit, mal zu testen, wie sich ein 12 kg schwerer Rucksack auf dem Rücken anfühlt.

Anhang

Die Quelle des Lebens

An der Quelle, am Anfang des Seins zu stehen, am Anfang eines Neubeginns. Frohe Erwartung durchdringt mein Herz. Was wird mich erwarten, denkt schmunzelnd die Quelle, die ersten Tropfen Wasser eines kleinen Rinnsals. Noch ist nichts zu erahnen, welcher großer Fluss Sie werden wird. Würde Sie es erahnen, würde Sie sich vielleicht erschrecken, welch großes Potential in Ihr steckt. Sie weiß es nicht, deshalb gibt Sie sich dem Fluss des Lebens hin, mit allem, was da noch kommen mag. Die ganzen Erfahrungen, die Sie im Laufe ihres Lebens sammeln wird. Völlige Freiheit in ihren Kinder- und Jugendtagen, dann gezähmt zum Schutz der Menschen, und weiter flussabwärts wieder renaturiert und wunderschön erstrahlend. Zwischen den Hangleiten fließend zeigt Sie neuen Glanz, zeigt Ihre wahre Schönheit, gibt unendlich viel Lebensraum für Tiere und Pflanzen. Sie gibt sich hin, schenkt Ihre Liebe und Leichtigkeit, wird durch Ihre Mündung Teil einer nächsten Dimension, um wiederum neu geboren zu werden.

Wenn wir wissen würden, wenn wir an der Quelle unseres Lebens, an der Quelle allen Seins sind, würden wir es wagen jener Tropfen zu sein, der sich als kleines Rinnsal in den Fluss des Lebens ergießt? Der Wassertropfen weiß es nicht, wie tief er fällt, wenn sich das Wasser zu Tale stürzt. Es hat das Urvertrauen, zu dem wir alle Zugang haben, wenn wir an der Quelle allen Lebens stehen!

Florian

(Entstanden am 23.6. 2013 im Hallerangerhaus, nahe der Isarquelle)

Bei den Herrenhäusern am 24.06.2013

Wie der Bettelwurf der Sage nach zu seinem Namen kam:

"Einst klopfte ein mittelloser Salzberger (Bergknappe), der nichts besaß als eine Stube voll hungriger Kinder, an die Pforte des Klosters der Augustinerinnen in St. Magdalena im Halltal und bat um eine milde Gabe. Unmutig reichte eine Nonne dem lästigen Gast ein Stück hartes Brot. Dem enttäuschten Bettler stieg darauf die Zornesröte ins Gesicht, er tat einen grässlichen Fluch gegen den Himmel und das Kloster und wandte sich mit folgenden Worten ab: „Fresst euch den Bettel selbst, ihr Geizkragen!" Er schleuderte die Gottesgabe mit einem kräftigen Wurf nordwärts gegen die Felswände. Starr vor Entsetzen und voller Angst rief die Klosterfrau in ihrer Bestürzung: „Zur Strafe für deinen Frevel sollst du im Grabe keine Ruhe finden und die Felsbrocken, die von den brüchigen Wänden zu Tal kollern, immer wieder den Hang hinaufschleppen müssen!"

Wer das Gestein der Kalkberge kennt, weiß, dass der Unglückliche mit dieser Verwünschung in Ewigkeit nicht zu Ende kommen wird. Seit dieser Zeit geistert er, der nie mehr gesehen worden ist, ruhelos in den Klüften hin und her und tritt im Sommer Gestein, im Winter aber die gefürchteten Lawinen von den Wänden los, die schon manchem Ahnungslosen zum Verhängnis wurden."

(Auszug aus dem Internet: http://www.alpenverein-ibk.at/huetten/bh/halltal.htm)

Die langen Löffel

Eine jüdische Legende

„Ein Rabbi bat Gott einmal darum, den Himmel und die Hölle sehen zu dürfen. Gott erlaubte es ihm und gab ihm den Propheten Elia als Führer mit. Elia führte den Rabbi zuerst in einen großen Raum, in dessen Mitte auf einem Feuer ein Topf mit einem köstlichen Gericht stand. Rundum saßen Leute mit langen Löffeln und schöpften alle aus dem Topf. Aber die Leute sahen blass, mager und elend aus. Es herrschte eisige Stille. Denn die Stiele ihrer Löffel waren so lang, dass sie das herrliche Essen nicht in den Mund bringen konnten.

Als die beiden Besucher wieder draußen waren, fragte der Rabbi den Propheten, welch ein seltsamer Ort das gewesen sei. Es war die Hölle.

Darauf führte Elia den Rabbi in einen zweiten Raum, der genauso aussah wie der erste. In der Mitte brannte ein Feuer, darüber kochte köstliches Essen. Leute saßen herum mit langen Löffeln in der Hand. Aber sie waren alle gut genährt, gesund und glücklich. Sie unterhielten sich angeregt. Sie versuchten nicht, sich satt zu bekommen, sondern benutzten die langen Löffel, um einander zu essen zu geben. Diesen Ort nannte man Himmel."

Inhaltsverzeichnis:

Mein Weg	7
Auf zum Traumpfad	10
Montag, 17.06.2013	13
Dienstag, den 18.06.2013	25
Mittwoch, den 19.06.2013	36
Donnerstag, den 20.06.2013	48
Freitag, den 21.06.2013	74
Samstag, den 22.06.2013	94
Sonntag, den 23.06.2013	109
Montag, den 24.06.2013	125
Dienstag, den 25.06.2013	144
Mittwoch, den 26.06.2013	160
Donnerstag, den 27.06.2013	180
Freitag, den 28.06.2013	196
Samstag, den 29.06.2013	225
Auf der Lizumer Hütte	231
Rückkehr	233
Die Quelle des Lebens	237
Bei den Herrenhäusern	239
Die Langen Löffel	241